Mon lion,

cette étoile.

Dorine Damiens

Mon lion,

cette étoile.

© 2021, Dorine Billet

Édition : BoD – Books on Demand,
12/14 rond-point des Champs-Élysées, 75008 Paris
Impression : BoD - Books on Demand, Norderstedt, Allemagne

ISBN : 9782322219278

Dépôt Légal : mai 2021.

PROLOGUE

Un après-midi calme dans les premières chaleurs du mois de mai. Une journée ensoleillée, pas de vent ni de nuage, comme si le ciel avait fait sa plus jolie toilette pour accueillir la plus belle des étoiles. Mon étoile.

Est-ce le fruit du hasard, mais en levant les yeux au ciel ce jour du 28 mai, je vois un oiseau tournoyer. Est-ce déjà son âme ? Est-ce que Dieu confirme son souhait d'être réincarné en oiseau ? Je le fixe et regarde les ronds nets qu'il forme dans le ciel. Comme hypnotisée par le volatile, je murmure un « je t'aime papa ». Je suis convaincue que c'est lui, car j'y crois à ces choses-là.

L'appel aux armes qui se profile au fond de moi m'indique que cette bataille qu'est le deuil allait commencer, et même si je croyais être préparée, j'étais déjà totalement perdue. C'est le bazar dans ma tête, j'ai envie de tout envoyer en l'air, mais rien ne sort. Je suis tel un volcan, bouillonnant à l'intérieur, mais si calme à l'extérieur.

Mon père est mort des suites d'une longue maladie

comme on l'écrit sur un faire part. Il est parti en dormant, entouré de toute sa famille et des gens qu'il aimait. C'est ce qu'il souhaitait. Pascal Damiens, mon lion, allait avoir soixante ans et enfin vivre une retraite tant méritée après une vie à travailler, mais la vie et ce cancer en ont décidé autrement.

Deux ans de bataille, ça paraît long lorsque l'on voit une des personnes que l'on aime le plus au monde souffrir, mais c'est tellement court lorsque l'on sait que cette personne va bientôt nous quitter…

*

Je me présente, je m'appelle Dorine, « Malin » pour les intimes. Lorsque j'étais petite, je n'arrivais pas à dire mon nom de naissance, Damiens, alors je disais que je m'appelais Dorine Malin et c'est resté. J'ai 35 ans et vis dans le Pas-de-Calais.

Enfermée dans un mutisme au sujet de mon père, totalement hermétique aux conversations le concernant, j'ai du mal à me faire à l'idée qu'il soit parti, ou plutôt je ne veux pas m'y résoudre. C'est plus simple comme ça.

Les seules photos que je vois au quotidien sont celles de mon fond d'écran de téléphone, à demi masquées par toutes les icônes d'applications et celle que ma mère a donné à tous ses proches après l'enterrement, posée sur une étagère dans mon salon.

J'ai des centaines de photos de lui dans un dossier, bien conservé dans mon cloud, mais je ne les regarde que les jours de grand cafard. Idem pour les vidéos ou les bandes-son enregistrées à son insu à la clinique, où je l'entends parler, rire, soupirer, raconter des anecdotes à la psychologue sur la phobie de ma mère concernant les chats ; ou se rappeler des bébés merles qui avaient trouvé refuge sur leur balcon.

Ce n'est pas que je l'ai oublié, non, loin de là, c'est que je fuis toutes pensées, preuves ou rapport avec lui pour ne pas accepter sa mort. C'est peut-être le seul moyen que j'ai trouvé pour ne pas faire saigner cette plaie béante qu'il a laissée dans mon cœur.

Le deuil doit se faire paraît-il, mais lorsque que j'ai commencé à écrire, je ne savais pas que le plus dur arriverait.

CHAPITRE 1

La perte d'un être cher est sans aucun doute l'un des événements les plus pénibles que l'on a à gérer dans une vie. Si chaque personne vit son chagrin à sa manière, nous sommes tous censés passer par le même cheminement, les mêmes étapes. La mort a beau faire partie du cours normal des choses, rien ne nous met à l'abri de la douleur qui accompagne un deuil. C'est un passage obligé, mais même lorsque l'on croit y être préparé, on ne se doute pas que le plus dur reste à venir.

Il n'y a pas de recette miracle. Le processus de deuil prend du temps. Lorsqu'il est mal vécu, il peut avoir des effets dévastateurs sur notre santé physique et mentale. D'autres affirment que cette épreuve a été une occasion pour eux de se connaître davantage et de changer pour le mieux.

Les spécialistes affirment qu'il faut à peu près deux ans pour vivre un deuil. L'intensité de la douleur dépend de la relation que l'on entretenait avec la personne décédée et les circonstances de sa mort. Pour ma part, cette barre est atteinte, mais je ne vois toujours pas de changement. Je sais que ce n'est pas une date fixe, qu'il s'agit d'une moyenne, mais quand vais-je commencer à vivre en intégrant enfin qu'il n'est plus là ?

La petite Malin est devenue terne, triste et fermée alors que lui m'a toujours vue pleine de vie, gaie et courageuse à son image. La mienne apparaissait comme celle d'une fille qui rêvait de rester princesse auprès du roi, un roi fort, immortel et intemporel.

Il ne me reste plus que ma reine désormais, et je ferais de mon mieux pour prendre soin d'elle, même si depuis le départ de mon père, j'ai vraiment l'impression de l'avoir délaissée plus que je ne l'aurai dû.

Toute cette peine, toutes ces perturbations, tous ces changements, c'est à cause de ce fichu cancer. Ce sale crabe a été vaincu par ma mère, Gladys, il y a un peu plus de treize ans. Je crois qu'il l'a mal pris... Alors il a tenté sa chance avec mon père, mais cette fois-ci pas à armes égales.

Il s'est glissé sous sa forme la plus cruelle, celle qui se multiplie très vite, celle qui est accompagnée de ses meilleurs amis, métastases et tumeurs, qui s'installent à une vitesse folle. Et surtout, il s'est bien caché pendant un bon nombre de mois, peut être même d'années, pour être sûr qu'il allait être trop tard pour qu'il ait une chance de le combattre.

C'est qu'il est malin, il sait où s'immiscer pour faire les plus gros dégâts. En même temps, il a de l'expérience. Rien que dans mon entourage, il a pu remplir son curriculum vitæ.

Un jour, lors d'un rendez-vous chez un docteur, j'ai dû compléter la fameuse case « antécédents familiaux ».

– Vous êtes dans un triangle dangereux mademoiselle. Votre sœur et vous, devrez être suivies régulièrement…

Comprenez ici, que les trois femmes les plus proches de moi biologiquement ont eu un cancer.

Ma grand-mère paternelle a eu dans les années soixante-dix un cancer du col de l'utérus. Elle ne s'en est pas sortie. Il faut dire qu'à cette époque les soins et traitements n'étaient pas les mêmes qu'à l'heure actuelle. Ce maudit crabe a privé mon père et ses quatre frères et sœurs de leur maman très tôt.

Ma grand-mère maternelle a quant à elle eu un cancer du sein dans les années quatre-vingt. Elle a gagné son combat, en perdant un sein dans la bataille, ce cancer ne peut pas gagner à tous les coups.

Puis il y a eu ma mère en 2007, son cancer a été découvert très tôt, mais malgré plusieurs opérations et des complications qui lui resteront à vie, elle a gagné cette bataille. Qu'elle est forte ma maman. Du haut de son mètre soixante-deux et avec son caractère de guerrière, elle n'en a fait qu'une bouchée.

Il faut dire que cette année-là, elle a eu une raison supplémentaire de s'accrocher. Ilan, petite bouille d'amour, venait de pointer le bout de son nez un mois plus tôt que prévu. Le premier petit-fils et aussi mon filleul. Nous avons redécouvert nos parents doux comme des agneaux, faisant des câlins, eux qui étaient tant sur la réserve et pudiques, niveau preuves d'amour.

Il était donc évident pour ma mère de se battre pour ce bout de chou, pour le voir grandir et aussi pour accueillir les sept autres qui agrandiraient la famille.

Huit petits enfants, ce n'est pas rien. Parmi ces huit, deux sont à moi. Les numéros quatre et huit. C'est papy qui les appelait comme ça, pour se rappeler de l'ordre, car certains étaient d'âges rapprochés.

Ma fille Noémie est née en 2012. Cette enfant d'une maturité incroyable et d'une sensibilité extrême fait ma fierté. Très bonne élève à l'école, toujours prête à aider ses camarades, très proches de ses grands-parents surtout de son papy… Elle aussi a souffert de son départ.

Puis mon deuxième, Nathane, né en 2016. Petit brun aux grands yeux noisette, un sourire et un regard coquin et charmeur, un vrai pirate. Lui aussi est tellement dégourdi pour son jeune âge.

Être maman a changé ma vie. Je me souviens le jour où j'ai découvert que j'étais enceinte. Nous avons foncé avec Mickaël, mon mari, chez mes parents. Ma mère venait de perdre la sienne quelques semaines plus tôt. Je savais que cette nouvelle allait lui faire du bien et remonter le moral. Ce fut le cas. Quant à mon père, j'ai aperçu une petite lueur dans son regard qui disait « ma dernière va être maman ». Je n'ai pas réussi à déchiffrer son ressenti face à cette nouvelle, mais il a été avec Noémie comme il se comportait avec moi lorsque j'étais enfant.

J'ai toujours été fusionnelle avec lui. Beaucoup disent que j'étais la plus proche de lui de nous trois. Je ne crois pas, nous avions juste chacun notre propre relation avec lui. Être la dernière a dû jouer sur ces impressions. Après, il est vrai qu'il ne fallait pas me prier pour que je passe du temps avec lui, j'en redemandais continuellement.

Un lien que j'ai cultivé jusqu'à son départ. Nous étions pareils dans nos traits de caractère, et même si nous étions tous les deux têtus comme des bourriques et montant dans les tours très rapidement, jamais de ma vie, je ne me suis fâchée avec lui, ni avec ma mère d'ailleurs. Tout ce que je pouvais faire avec lui, je le faisais.

Il m'a élevée comme un garçon, il m'a appris à changer une roue et les bases de l'entretien d'une voiture, tapisser, monter des meubles, très jeune. Je pense qu'il voulait que je puisse « faire toute seule » comme lui l'a toujours fait, sans avoir à demander d'aide.

Il m'a toujours poussée à faire du sport. Petite, il venait me voir quand j'apprenais le patinage artistique ou plus tard au handball au collège et lycée. Dès qu'il ne travaillait pas, il venait voir mes matchs et s'avérait être le seul parent de toute l'équipe à assister aux rencontres. Contrairement aux autres filles qui étaient en guerre continuelle avec leurs parents et surtout leur père, moi, j'étais contente et fière qu'il soit là.

En y repensant, je n'ai pas vraiment fait de crise d'adolescence, jamais détesté mes parents et je ne comprenais pas la haine, temporaire certes, qu'avaient mes amies envers les leurs. Je les respectais bien trop pour ça. Je savais aussi que je n'avais pas d'autres choix que de me plier aux règles imposées, car mon père en colère équivalait à un ouragan dans l'appartement.

C'était une éducation à l'ancienne où il valait mieux ne pas répondre. Et même si les sorties étaient très limitées, ni boîtes ni soirées jusqu'à la majorité, pas de maquillage ou habits provocants, pas d'amourette de jeunesse, ça ne m'a pas dérangé plus que ça.

Ils ont eu leurs hauts et bas comme tout le monde, même beaucoup de bas, mais nous avons toujours été leur priorité. Ma mère a tout sacrifié pour nous. Une maman aimante, investie dans nos vies scolaires accompagnant dès qu'elle le pouvait, présente pour nous trois, assurant même le double rôle lorsque mon père n'avait eu d'autre choix que de partir travailler à neuf cents kilomètres pour subvenir aux besoins de sa famille.

On ne pourra jamais enlever le courage de mon papa. Il n'a jamais eu cette embauche tant méritée qui lui aurait évité des moments de vie précaires.

Il allait travailler quel que soit le moyen de locomotion, voitures en fin de vie, en stop, mobylette, vélo, bus, tous les moyens étaient bons pour honorer ses missions intérimaires. Plusieurs fois, il lui est arrivé de faire le trajet à pied. Quinze kilomètres de marche aller-retour, en plus d'un poste de huit heures à porter des sacs de vingt-cinq kilos. Comment ne pas forcer le respect ?

La seule fois où nous sommes partis en vacances, ce fut dans un mobil-home sur la Côte d'Opale lorsque j'avais

2 ans donc autant dire que les grandes vacances étaient longues ; mais ayant un bon voisinage nous nous retrouvions tous en bas de nos immeubles et certains parents se chargeaient de s'occuper des autres enfants, ceux qui ne vivaient qu'avec leur mère ou ceux qui n'avaient pas de voiture par exemple.

Moi j'avais juste un père qui travaillait beaucoup, mais j'acceptais volontiers toutes sorties, que ce soit à la piscine ou dans un parc forestier près de chez nous, faire des balades à vélo ou sortir un peu plus loin que notre quartier en forme de U.

Cependant, dès que mon père avait du temps libre, il essayait d'en passer avec nous et malgré tout, j'ai des souvenirs de beaucoup de moments ensemble, preuve que ce n'est pas la quantité qui compte, mais la qualité.

J'ai toujours en mémoire le moment où il m'a appris à nager sur le dos, à jouer aux échecs ou quand on patinait tous les deux. Quelle fierté je ressentais de pouvoir patiner avec lui alors que les autres papas se contentaient de rester derrière les balustrades.

L'un des plus beaux moments fut la première fois où il m'a emmené au stade Bollaert avec lui. Grand fan du Racing Club de Lens à sa plus belle époque, c'est très souvent qu'il assistait aux matchs. Ce jour-là, habillé aux couleurs du club sang et or, il portait une casquette, un maillot et une écharpe à bout de bras, j'ai passé plus de temps à le regarder chanter et être passionné par cette équipe, qu'à suivre le match.

Je suis tellement contente d'avoir encore en tête tous ces souvenirs qui s'étalent sur toute ma vie car, ce n'est pas parce que je grandissais que je ne passais plus de temps avec lui, au contraire. Notre relation a évolué et non pas changé, c'était donc évident et obligatoire qu'il transmette tout ce qu'il nous a appris et passe ces bons moments avec ses petits-enfants.

J'aurais aimé qu'il fasse toutes ces choses avec mes enfants, malheureusement ça ne sera pas possible.

CHAPITRE 2

Faisons un saut dans le temps et allons en début d'année 2016, là où tout a commencé. Cela faisait plusieurs mois qu'il se plaignait du ventre. Têtu et ne voulant pas aller chez le médecin, un jour où la douleur était insupportable, il me demanda de le conduire aux urgences. Je sentais depuis plusieurs jours que quelque chose clochait. Le même pressentiment que j'avais eu pour ma mère lorsqu'elle attendait les résultats de ses examens.

Sur le trajet, il demeurait silencieux mais douloureux, je voyais bien qu'il souffrait vraiment beaucoup. Nous passâmes rapidement à l'accueil et son tour arriva. L'infirmière nous annonça qu'il allait passer des examens en tous genres et qu'ils le gardaient pour la nuit. Le lendemain, les premiers résultats arrivèrent, mais je n'y compris pas grand-chose. Alors je pris les termes que je ne connaissais pas et commençais à faire des recherches.

Plusieurs sites passants, je retrouvais souvent le mot que je redoutais tant : cancer… Toutes sortes d'examens furent réalisées au cours de la semaine, scanner, IRM, coloscopie…

Ayant les codes pour avoir les comptes-rendus sur le Net, je consultais chaque jour sa page. Chaque fois, je refaisais le même petit rituel, je prenais les mots et les termes que je ne connaissais pas et faisais mes recherches dans mon coin. Je compris qu'il avait un polype malin au niveau du côlon. Je réorientais alors mes recherches vers ce cancer et m'aperçus qu'il présentait beaucoup des symptômes tels que les douleurs abdominales, le sang dans les selles et j'en passe.

Après deux semaines passées à la clinique, il avait déjà perdu une bonne dizaine de kilos. Pour mettre ses organes au repos, il devait suivre une diète liquide, il était sous perfusion et avait juste le droit au café et à l'eau. Il resta plusieurs jours sans avoir le verdict. Autant de jours d'angoisse, de pronostics, de recherches, jusqu'au jour où le verdict tomba enfin.

Je me souviens être chez ma belle-mère, mon petit garçon de deux mois venait de finir son biberon lorsque mon téléphone sonna. Ma maman qui m'appelait en fin d'après-midi me fit craindre le pire. Elle me prépara doucement en me disant que les derniers résultats n'étaient pas bons et que le docteur avait annoncé à mon père, qu'il souffrait d'un cancer du côlon bien avancé. Cette nouvelle, même si je m'y attendais, me fit l'effet d'une bombe et résonna comme une catastrophe. Mes larmes coulaient et je ne savais quoi répondre. Alors ma mère me dit juste qu'il allait se battre et que ça irait. Mickaël et ma belle-mère, Sylvie me prirent dans leurs bras, mais ça ne me réconfortait pas, car mon monde s'écroulait. L'illusion d'immortalité dans laquelle j'incluais mes parents et chacun de mes proches, disparaissait.

Le lendemain, nous arrivions plus tôt que d'habitude à la clinique pour être présente lorsque le docteur passerait. Mon père n'était pas expressif, mais pas silencieux non plus, il faisait comme si de rien était et à ce moment-là, il m'impressionnait. D'autres personnes seraient effondrées ou en pleurs, auraient une réaction normale quant à la nouvelle énorme qu'ils viennent d'apprendre, mais pour lui, c'était le calme plat.

Lorsque le docteur entra, il se contenta de dire que le cancer était assez avancé et que d'autres examens et traitements seraient prévus par la suite. Ma mère insista pour qu'il soit suivi au centre spécialisé en cancérologie Oscar Lambret de Lille, là où elle a été suivie et guérie mais intérieurement je ne souhaitais pas qu'il aille là-bas, car les visites n'auraient été que ponctuelles s'il se trouvait à plus de quarante kilomètres, alors que moi je voulais continuer de le voir tous les jours et encore plus maintenant que je savais que je pouvais le perdre. Je pense qu'il raisonna comme moi, que ça serait dur pour lui de se retrouver seul un jour sur deux voire trois. Il décida donc de continuer ses soins dans cette clinique.

La modération de ses sentiments et la décontraction qui se dégageaient de mon père me fascinaient. Cet homme ne vacilla pas. Il accueillit la terrible sentence les bras croisés, une main caressant le coin externe de sa moustache alors que nous, intérieurement, nous étions dévastées. Avec la pudeur légendaire de notre famille, nous ne parlions de rien concernant sa maladie. Tous ces non-dits sur nos craintes, nos doutes quant à l'issue de sa maladie nous suivrons jusqu'au dernier jour.

Plutôt que de s'attarder sur la dure évidence que des tumeurs et métastases dévastatrices déracinent et envahissent le chemin de sa vie, il décida dès ce jour, de se battre envers et contre tout. L'annonce d'une maladie grave est un coup-de-poing, elle brusque, bouleverse et déconcerte. Rien n'y prépare, rien n'en protège.

C'est dans ces durs moments que l'on se rend compte que la vie est précaire et que l'on ne signe pas pour un contrat à durée indéterminée à la naissance. Le combat commençait et à partir de ce moment, ce fut toutes nos vies qui ne tournaient plus qu'autour de la sienne.

J'ai souvent repensé à une question que le médecin a posée à mon père :

– Êtes-vous entouré ?

Mon père, sans hésiter, a répondu qu'il n'y avait aucun souci de ce côté-là.

Souvent, le sentiment profond de solitude peut s'accroître avec la maladie mais pour lui, ça a été tout le contraire. Il était entouré et aimé. Il ne s'est jamais senti abandonné, même si la peur de mourir, il l'a vécue seul et en conséquence, il s'est bâti une garde rapprochée, il était protégé par sa famille.

Il donnait le surnom de colonel à ma mère. Il avait raison, elle gérait tout, pensait à tous, et tout était toujours parfaitement orchestré. J'étais fière d'être l'un de leurs soldats ! Maman a géré tout ça d'une manière exemplaire et héroïque. Jusqu'à la fin, elle aura été à ses côtés pour l'épauler, jour et nuit. Je me demande comment elle a pu gérer tout ça.

Ma mère est un roc, un roseau qui ne rompt pas. Elle a été l'un des héros du quotidien de mon père. Sans elle, il n'aurait pas tenu aussi longtemps, c'est certain. Il savait qu'il pouvait compter et se reposer sur elle à tout moment.

Notre famille était organisée. Ma mère occupait la place de tête pensante, ma sœur, Delphine, gérait le côté administratif, assurance, sécurité sociale, CAF, pôle emploi... Tout ça n'a aucun secret pour elle. Mon frère, Didier, habitant plus loin que nous et travaillant, était moins présent au quotidien, mais faisait tout son possible pour être là pour mes parents.

Moi, j'étais son chauffeur personnel. S'il devait se rendre à un rendez-vous, pour aller en course, pour les séances de chimiothérapie, prise de sang, ou les voyages nocturnes aux urgences, c'est moi qui m'en occupais même s'il essayait de garder une certaine autonomie le plus longtemps possible.

J'essayais aussi de le distraire au maximum. Rebrancher les vieilles consoles pour que l'on puisse passer du temps supplémentaire avec lui, aller au cinéma ou simplement regarder la télévision. J'étais avide de moments en sa compagnie.

De ce point de vue, le cancer apparaît comme une épreuve difficile et solitaire, car en plus de la souffrance physique et de la fatigue qui commençait à s'installer, son corps avait déjà changé, sa force oscillait et s'atrophiait, mais malgré tout son désir irrésistible de vivre prenait le dessus. Il a toujours été un bon vivant, gros fumeur, bon mangeur, ne disant jamais non à un verre de vin, il a tout arrêté du jour au lendemain voulant mettre toutes les chances de son côté.

Malgré toute son envie de vivre « comme avant », son quotidien s'est vu organisé d'une toute autre manière. Les visites chez les spécialistes se multipliaient, les semaines étaient remplies de protocoles médicaux, l'obligeant à modifier ses habitudes et diminuer ses sorties.

Il devait aussi se faire à sa stomie et aux contraintes que celle-ci apportait. Cette petite déviation chirurgicale du côlon sur le flanc, est une sorte de court-circuit de l'intestin. L'ouverture permet l'évacuation des selles vers l'extérieur pour être recueillies dans une poche collée sur la peau.

Le principe en lui-même est bon, ce sont plutôt les à-côtés qui peuvent être gênants et pour mon père qui était de nature très fier, il eut du mal à s'y faire. Il faut comprendre par là, que les selles sortent sans vraiment s'en rendre compte, accompagnées parfois des odeurs ou de flatulences qui peuvent se produire sans rien contrôler.

Je crois qu'à partir de là mon père à commencer à se mettre un peu en retrait. Se balader partout avec sa mallette de soins ou de produits pour changer sa poche ou se nettoyer le mettait mal à l'aise.

Il fallait aussi surveiller qu'il n'y ait pas de sang qui s'écoule de l'ouverture. Cela s'est produit plusieurs fois et a entraîné un passage aux urgences en panique à deux ou trois reprises. Alors, recevoir un appel tard le soir de mes parents ne présageait rien de bon et me glaçait le sang à chaque fois que je répondais. Tel un pompier en service, je me rhabillais en une fraction de seconde, descendais les escaliers avec une vitesse que je ne me soupçonnais pas et rejoignais leur maison comme un boulet de canon. Conduire avec cette peur que, peut-être cette fois-ci serait plus grave que les autres est perturbant et terrible pour le moral.

La clinique est à moins de dix minutes de chez nous et mon père était bien trop fier pour appeler les pompiers et se faire embarquer dans l'ambulance devant un voisinage bien souvent trop curieux et à l'affût du dernier potin. Heureusement, il y avait plus de peur que de mal, souvent une « couture » rompait et saignait, alors ils le recousaient et repartait la nuit même.

Une des principales épreuves de ce combat a été la chimiothérapie. Sur ces deux ans, il aura fait près d'une quarantaine de séances. Trois ou quatre protocoles différents.

Avant de commencer, il faut en amont passer par une petite chirurgie pour installer le dispositif d'injection des produits : le PAC ou chambre implantable.

Ce petit boîtier, placé sous la peau, généralement au niveau du thorax et sous la clavicule, est relié à un cathéter et glissé dans une veine. Ce dispositif permet d'injecter un produit à travers la peau, à l'aide d'une aiguille, afin de ne pas abîmer les veines du bras. Le PAC est visible, il est vraiment très proche de la peau et n'importe qui peut le voir.

Mon père était pressé de commencer sa chimiothérapie, il avait une envie viscérale de s'en sortir et de guérir, il était convaincu d'obtenir de bons résultats et pourquoi pas la guérison après ce premier protocole.

Je l'ai accompagné au rendez-vous d'information et visite du service, j'avais l'impression de voir un étudiant à l'aube d'une rentrée importante. Il prenait des notes, posait des questions, sur les protocoles, la durée des séances, les effets indésirables… L'infirmière lui remit une pochette avec toutes les feuilles à remplir à chaque séance et un petit sac.

Malgré l'importance de tout le contexte dans lequel on se trouvait, il ne m'est pas apparu une seule fois inquiet, blaguant même avec les infirmières et demandant ce que serait le repas du midi, ce qui fit rire l'infirmière qui lui répondit que ça ne serait pas dans la clinique qu'il se ferait un festin. Il lui a répondu en riant :

– Ce n'est pas grave, je me ferai cuire des pâtes en rentrant si j'ai encore faim !

Elle lui a répondu :

– Super Monsieur Damiens, il faut rester positif comme ça, le moral, c'est la moitié du combat !

La première séance, je voulus rester avec lui, mais il refusa, je l'ai conduit et suis repartie. Les injections durant environ une matinée, il devait repartir avec un petit flacon qui continuait de s'injecter sur une journée. Le soir même, il postait un message sur les réseaux pour dire que tout s'était bien passé et que le combat avait commencé.

Malgré un peu plus de fatigue qu'à l'ordinaire, il se portait plutôt bien. Il n'a pas perdu ses cheveux, mais avait beaucoup de boutons et de plaques sur le visage. Ça le démangeait et le gênait esthétiquement. Il devenait aussi beaucoup plus frileux, alors c'était la course aux stratagèmes pour qu'il ait le moins froid possible. Chaussettes polaires, bouillottes pour les mains, chauffage soufflant, nous faisions notre possible pour lui donner un confort et bien-être optimal.

Les journées commençaient à être longues pour lui. Son petit plaisir quotidien était d'aller boire un verre au café du centre commercial près de chez nous et acheter des tickets de jeux à gratter. Cette petite sortie matinale lui faisait du bien, c'était son petit moment d'air frais.

Lorsqu'il arrivait chez lui, il s'asseyait dans la cuisine et grattait un ticket de jeu, je ne sais pas pourquoi, mais il aimait en garder un pour chez lui, toujours avec la même pièce, puis, il fallait faire silence, car c'était l'heure des documentaires animaliers qu'il adorait regarder, assis dans son fauteuil. Malgré nos visites répétées dans la journée, le temps paraissait long pour mes parents.

Durant ces deux ans, il y a eu des hauts et des bas, des lueurs d'espoir aussi vite disparues qu'elles ne sont apparues, beaucoup de déceptions également, car à chaque examen, on lui découvrait une nouvelle tumeur ou métastase.

D'abord sur le péritoine, puis le foie, le poumon, près du coccyx, ou au cerveau. Là où tous les autres s'inquiétaient, nous étions les deux seuls à ne retenir que les diminutions, c'était notre moyen de tenir le coup et de continuer à y croire.

Plusieurs fois, certaines opérations ont été annulées ou mises en échec. Se faire ouvrir et subir les soins et les hospitalisations pour rien, en aurait découragé plus d'un, mais pas lui ! Là où son moral aurait dû être entaché, il se passait tout l'inverse. Il ne se laissait pas abattre et demandait aussitôt ce qu'il y avait de prévu pour la suite.

Cependant, il commençait à faiblir, même s'il se voilait la face et moi aussi par la même occasion. Je pense que nous étions les deux seuls à croire qu'il guérirait, nous y croyions dur comme fer.

Est-ce qu'il faisait ça juste pour que je ne m'inquiète pas ?

Je ne le saurai jamais, mais nous trouvions une excuse ou une explication à tout même lorsque les autres n'y croyaient plus et que son état déclinait.

CHAPITRE 3

Début d'année 2018, soit cinq mois avant qu'il nous quitte, il souffrait de plus en plus et tout s'accéléra. Les douleurs d'une de ses métastases près du coccyx le faisaient souffrir énormément et commençaient à le limiter dans tous les mouvements de son quotidien. Son médecin décida de le mettre sous morphine. Être appareillé à une potence toute la journée ou se promener avec un sac à dos contenant l'appareil était très contraignant pour lui.

Je me souviens qu'une fois, lors d'un rendez-vous au laboratoire pour un contrôle, la machine dans son sac a sonné. Évidemment, tous les regards se sont tournés vers nous. Je ne supportais pas que l'on observe mon père de la sorte, j'essayais de faire taire cette fichue boîte, mais rien y faisait. J'étais stressée, gênée, énervée qu'on le regarde, mais lui, fidèle à son habitude, a commencé à rigoler et a dit à tout le monde :

– Pas de panique, je n'ai rien volé, ce n'est pas une bombe, je suis un cyborg !

Les secrétaires médicales ont ri avec nous et nous sommes partis, comme si de rien était, avec tous ces bips nous accompagnant, car seule son infirmière pouvait faire taire cette machine.

Il dépendait beaucoup de Fabienne. Il faut que je vous parle de cette personne fabuleuse. Sous un caractère bien trempé, se cache une femme passionnée par son métier, dévouée envers ses patients, se déplaçant de jour comme de nuit pour mon père s'il en avait besoin. Elle a été d'un grand renfort et réconfort pour notre famille.

Elle n'était pas juste l'infirmière familiale, elle était un soutien pour ma mère, pour nous tous même, une oreille attentive et un cœur d'une rare bonté. Elle était un soldat de plus dans notre armée.

Les deux mois suivants ont été compliqués, il se présentait de plus en plus douloureux, ne sortait plus et ne voulait plus beaucoup de visite. Je crois surtout que sa fierté le guidait, paraître affaibli et appareillé devant quiconque n'était pas bon pour son orgueil.

Pour lui remonter le moral, nous décidions avec ma sœur, de lui faire un livre d'or. Un recueil rempli de mots, de lettres, de dessins d'enfants, mais surtout bourré de courage.

Après avoir posté un message sur nos réseaux sociaux pour expliquer notre projet et proposer à nos proches d'y participer, nous avons reçu une marée de messages plus beaux les uns que les autres. Des mots de la famille, de collègues, de voisins, d'amis de notre fratrie arrivèrent à la pelle, lui souhaitant du courage pour la suite ou félicitations pour son combat.

Lorsque nous lui avons offert, il n'en croyait pas ses yeux. Il l'a lu seul, car il savait sûrement qu'il craquerait devant ce flot d'amour, mais a remercié tout le monde le lendemain par message.

J'ai laissé quelques pages vierges au bout du livre volontairement en espérant qu'il y laisse un mot à son tour, pour moi ou ma famille, mais je pense qu'il n'y a pas pensé ou n'a pas osé. J'aurais tant aimé, pourtant, avoir un mot à lire et relire sans cesse.

Le 15 mars :

Souffrant du ventre, il se tordait de douleur, repoussait tout le monde lui disant d'aller aux urgences. Il savait, je pense, qu'ils le garderaient pour de bon. Ne pouvant plus supporter la souffrance, il m'a demandé de l'y conduire. Les cinq kilomètres qui nous conduisaient à la clinique m'ont paru d'une longueur sans fin.

Chaque virage, chaque dos d'âne ou trou dans la route équivalait à une souffrance pour lui. Je voulais rouler le plus vite possible pour qu'il soit pris en charge, mais je prenais avec minutie chaque portion de route. Il suait à grosses gouttes, soufflait, et même pleurait sur le trajet. C'était horrible.

Lorsque nous sommes enfin arrivés, ma mère descendit la première pour demander si le chirurgien pouvait le prendre en consultation. Elle est partie à peine cinq minutes, mais le voir gémir à mes côtés tout en étant incapable de le soulager a été très difficile. Pire, ce sont les mots qu'il a prononcés qui m'ont brisé le cœur :

– Laisse-moi là, sur le bord de route, j'en ai ras le bol, je vais crever comme un chien de toute façon !

Je n'ai rien répondu, rien trouvé à dire, juste ravalé cette boule de chagrin qui me bloquait la gorge. Je fus soulagée lorsque ma mère revint pour nous annoncer qu'il pouvait descendre de la voiture et qu'il allait faire des examens.

L'échographie a confirmé une occlusion intestinale, donc on lui posa une sonde naso-gastrique pour vider l'estomac. Il resta une quinzaine de jours avant de retourner furtivement chez lui, puisqu'une deuxième occlusion se passera à domicile.

Le 1er avril :

Cette fois-ci, ce fut pire que la première fois. Ma mère m'appela pour me dire que mon père n'allait pas bien et qu'il vomissait ses selles.

Encore une fois, je fis le chemin pour aller chez mes parents à toute vitesse mais là, je ne pris pas le risque de le conduire moi-même à l'hôpital. Fabienne, qui effectuait sa visite de l'après-midi, appela une ambulance. D'ordinaire, il aurait refusé, mais là, il se sentait vraiment très mal. Ce fut son dernier jour passé chez lui, il ne ressortira plus de l'hôpital.

Pour éviter ces épisodes d'occlusion, son chirurgien, décida de lui faire une deuxième stomie, cette fois-ci de l'autre côté. Une opération de plus qui l'aura beaucoup affaibli. Il était dans un combat de lion, ses cicatrices en étant la preuve. Il se battait, non sans rugir, mais toujours la tête haute comme un félin. Il commençait à avoir les yeux et la peau jaunie et ne parlait plus beaucoup, très renfermé sur lui. Il restera une semaine en soins continus. Les visites se faisaient équipés de surblouses et surchaussures, chacun notre tour.

Comment lutter quand on est épuisé par la maladie, fatigué par les traitements, voire handicapé par la chirurgie ? Se battre envers et contre tous, mais surtout contre le mal qui est en soi. Il se battait contre lui-même. Tandis que je faisais tout pour ne pas avoir peur, j'avais souvent l'impression de voir l'ombre de la mort s'agiter devant moi. Malgré tout, il avait besoin qu'on lui tienne la main et qu'on soit lucide pour lui. C'est très souvent au cours de la journée que je le retrouvais avec le regard dans le vide. À quoi pensait-il ? Qu'imaginait-il ? Un millier de fois, j'aurais tout donné pour être dans sa tête.

Nous avions hâte, qu'il retourne en chambre normale pour pouvoir passer plus de temps avec lui. Lorsque ce fut le cas, son moral s'améliora un peu. Les plateaux repas restaient tout de même souvent pleins, car il ne mangeait plus beaucoup. Quelques viennoiseries, yaourts ou compotes rien de plus. Nous aimions le taquiner pour le faire manger, une cuillère pour maman, une pour papa, il riait à chaque fois alors je lui disais :

– Tu veux que je donne la compote à mon coco ?

Comme je le faisais pour mes propres enfants. Ces gestes simples, j'aimais les faire, c'était un moment partagé avec lui, il pouvait manger seul et se servir de ses mains, mais c'était un plaisir pour moi de prendre soin de lui.

La souffrance physique du malade l'isole de tous les autres, il se dit que la mort est possible. Être là sans être trop maternant, rassurer avec des mots justes. Durant toute la maladie, nous avons été là pour le guider.

Accompagner quelqu'un en fin de vie, c'est se raccrocher à tous les mots que la personne peut dire. Être présent, passer du temps ensemble, ne pas avoir peur. Quand la douleur se fait atroce, que le visage est maigre et blafard, que le corps lâche, continuer à être là sans peur ou du moins la cacher du mieux possible.

Nous avons essayé de lui offrir le plus de bonheur possible. Il aura revu durant cette période beaucoup de membres de sa famille, certains même qu'il n'avait pas vu depuis longtemps. La première visite fut celle de sa sœur Sandrine, ma marraine, qui vit en Savoie. Lorsque ma mère l'a prévenue que l'état de santé de mon père se dégradait et qu'il n'en avait plus pour longtemps, elle n'a pas hésité à faire le chemin pour remonter dans le Pas-de-Calais.

Durant une semaine, elle venait le voir tous les jours et elle a eu de la « chance », car elle est tombée dans l'une des périodes où il était le mieux et cette visite lui a fait du bien, ainsi que celle de Martine, une autre de ses sœurs.

Le 26 avril :

Ce jour, il sera transféré dans l'unité de soins palliatifs d'une autre clinique. Le chirurgien annonça à ma mère et ma sœur qu'ils ne pouvaient plus rien faire pour lui, il fallait que l'on s'attende au pire, sans nous donner vraiment de délai. Son arrivée dans cette clinique a été difficile. Il avait ses repères et ses habitudes avec l'autre personnel. Il a même eu droit à des applaudissements dans le couloir lorsqu'il est parti, tant il était apprécié.

L'atmosphère de cette nouvelle clinique apparaît comme oppressante, car plusieurs de nos proches malades y sont morts. Comble de l'ironie cet établissement abritait dans les années 80 une maternité. L'unité de soins palliatifs est au troisième étage, ma sœur est moi y sommes nées, ma mère y travaillait même.

Les journées étaient ponctuées par les visites de ses proches, constamment entourés, ça nous faisait du bien. Cependant, les rencontres régulières avec les médecins nous faisaient comprendre que la fin approchait. Ma mère était toujours très présente pour lui. Depuis le 15 mars, elle avait passé chaque nuit avec lui, dormant sur un lit d'appoint. Nous trois étions présents tous les jours aussi, avec eux, unis plus que jamais.

Ma voiture démarrant une fois sur cinq, un contrôle technique périmé, et une grève de bus commençant à la même période, il était difficile pour ma sœur et moi parfois de se rendre à la clinique. Heureusement, nous pouvions compter sur Doris et son mari pour nous rendre là-bas en voiture.

Amis de longues dates de mes parents, ils habitaient la même rue. Aujourd'hui, elle est d'ailleurs encore ma voisine. Elle m'a connue très jeune, m'a vue grandir. Plus qu'une amie, plus qu'une tante, mes enfants l'appellent tata même, c'est une deuxième mère pour moi. Nous pouvons compter les uns sur les autres, elle se soucie toujours de moi, de ma santé, de mes enfants.

Lorsque ma mère fut malade, elle l'a soutenue d'une manière exemplaire et sans faille, elle en fit autant pour mon père. Le visitant tous les jours, elle nous prenait en voiture si nous en avions besoin. Elle nous accompagna aussi aux pompes funèbres le jour où nous dûmes faire le choix du cercueil et de l'urne, avec ma sœur, nous étant d'un grand soutien. Je lui en serai éternellement reconnaissante.

Mon père maigrit de jour en jour, ne se levait plus du tout. Seules quelques sorties sur la terrasse étaient autorisées ainsi que dans le petit salon ou salle des familles de l'étage.

Ses métastases au cerveau le faisaient divaguer de plus en plus. Parfois, il nous oubliait même. La première fois que c'est arrivé, j'ai senti mon cœur s'arrêter. Lorsque ma maman annonça à mon père que j'étais là, il m'a regardée d'un air dubitatif, s'est retourné vers ma mère et a demandé qui j'étais.

Ma mère et moi, nous sommes regardées tristement. Je lui ai dit :

– C'est moi, c'est Malin, ta fille…

Il m'a regardée poliment, et d'un regard perdu il a tourné la tête sans répondre. Ça lui est arrivé deux ou trois fois, mais même si l'heure d'après tout redevenait normal, mon cœur se tordait de douleur.

Ses douleurs continuaient à le faire souffrir et des crises d'angoisse firent surface. Dans ces moments-là, il pouvait être désorienté, craintif, il pleurait même parfois, c'était difficile de le voir dans cet état-là. Le docteur décida de lui administrer, un mélange d'anxiolytique, myorelaxant et sédatif. Lorsqu'il recevait ses doses, il fallait compter une quinzaine de minutes pour qu'il se calme. Durant ce laps de temps, j'avais l'habitude de lui tenir la main et lui caresser le front. Ça marchait la plupart du temps.

Voyant son état se dégrader et le jour fatidique arriver à grands pas, nous avons décidé avec mon frère et ma sœur de nous relayer chaque nuit pour soulager ma mère. Pendant que nous étions dans la chambre pour le surveiller, elle pouvait dormir dans un vrai lit dans une chambre d'accompagnant en ne craignant pas que mon père meurt sans qu'elle ne soit à ses côtés. Nous étions là pour le surveiller.

Il aura profité d'une de ces nuits pour parler avec mon frère et ma sœur. Ils ont eu droit à une belle discussion, où mon père leur a dit ce qu'ils voulaient entendre depuis longtemps. Des mots d'amour et déclarations qu'il n'avait jamais faites. Mon seul regret restera que moi, je n'ai pas eu cet échange. N'a-t-il pas eu le temps de le faire ? N'avait-il rien de spécial à me dire ? Je ne le saurai jamais.

La nuit que j'ai passée avec lui fut perturbante. Mon père étant d'ordinaire un gros ronfleur, je m'inquiétais du silence de son sommeil. Alors je me levais et me pencher sur lui sans cesse pour vérifier qu'il était encore vivant. Il réclamait souvent à boire, et riait presque de ma rapidité à lui tendre son gobelet en me demandant pourquoi je ne dormais pas… La raison était évidente, j'avais peur qu'il choisisse mal son jour ou plutôt sa nuit pour partir, angoissée de ne pas l'entendre s'il avait besoin de quelque chose. Je fus soulagée lorsque ma mère revint dans la chambre au petit matin.

La nuit suivante, fut semblable à celle de la veille, hormis que mon frère, ma sœur et moi sommes restés tous les trois. Le personnel de la clinique savait que son départ pouvait arriver d'un jour à l'autre et acceptait que nous soyons tous présents, jours et nuits, à ses côtés.

Le dernier week-end fut l'un des plus durs, il ne mangeait

plus, ne buvait que très rarement, mais nous ne le forcions plus. Une autre de ses sœurs, Isabelle, a épaulé ma mère cette nuit-là. Le samedi apparaissait être un jour spécial, son frère, mon oncle Hervé venait lui rendre sa dernière visite. Habitant en Savoie, il avait passé une matinée en train pour pouvoir venir le voir. Je savais que cette visite ferait plaisir à mon père, car leur dernière rencontre remontait à une vingtaine d'années. Tout le monde semblait d'accord sur le fait qu'il attendait de voir son petit frère pour pouvoir partir l'esprit tranquille.

Lorsqu'il vit entrer son frère dans la chambre, son émotion m'a serré les entrailles. J'ai filmé ce moment, je le regarde parfois et à chaque fois que je les vois se prendre et se serrer dans les bras, je ne peux retenir mes larmes. Il n'a pu rester très longtemps, mais je sais que cette visite leur a fait du bien. Sa dernière photo a été prise ce jour-là, une de groupe avec mon oncle et ma famille, mais déjà sur ce cliché, il paraissait comme ailleurs...

CHAPITRE 4

J'ai tenu tant et plus à être là lorsqu'il partirait. Je sais que je m'en serais toujours voulu si je n'avais pu être présente au moment de son départ. Ce lundi me paraît être hier. La veille de son départ, j'ai senti que le jour tant redouté approchait. Ce dimanche, il n'a pas été très présent, très encombré, il avait une respiration difficile, craquante même. Je m'en voulais d'avoir mis la climatisation toute la journée de la veille et me sentais responsable de cette toux.

Il a dormi toute la journée. Quand je suis partie le soir, je lui ai fait comme tous les jours un bisou sur le front pour lui dire au revoir, puis lui ai murmuré un « je t'aime » dans le creux de l'oreille suivi d'une caresse sur la tête, c'était devenu mon rituel ces dernières semaines. Je me suis demandée s'il se rendait compte de ce qu'on lui disait ou de notre présence, car il semblait déjà tellement loin.

La nuit de dimanche à lundi fut très mouvementée. Ma mère nous fit savoir qu'il avait fait beaucoup de crises d'angoisse, jusqu'en milieu de nuit où il a hurlé de douleur, désorienté, voulant tout arracher.

Le 28 mai :

Ce matin-là, je décidai de prendre ma voiture toute clinquante et pas en règle pour aller le voir. En arrivant, les aides-soignants étaient en train de lui faire sa toilette plus précautionneusement que d'habitude. Ils le rasaient de près, retaillaient un peu sa moustache. Tout ça alors même qu'il dormait.

Ma mère décida de s'entretenir avec le docteur. Elle nous expliqua qu'elle ne pouvait pas nous donner de date précise sur son départ, même si pour ma part, de la façon dont elle s'expliquait, je comprenais que ça arriverait plus vite que prévu. Les doses d'antidouleur étaient au maximum, l'hypothèse de le mettre dans un genre de sommeil forcé et prolongé fut envisagée, mais ne sera pas mise en place.

Je devais repartir le midi pour récupérer les enfants à la crèche et à l'école. Noémie n'ira pas en classe l'après-midi, car je savais au fond de moi que je devrais rester plus longtemps que d'habitude. Une fois Nathane endormi, je fonçai prendre le bus pour rejoindre ma mère et ma sœur, restées avec lui. Je me souviens qu'il faisait bon, une belle journée ensoleillée. Je m'installai et mis mes écouteurs. Dans mes oreilles résonnait toujours la même playlist, des chansons tristes tout comme mon esprit. Elles étaient en rapport avec la vidéo hommage que je préparais depuis quelques jours. La tête ailleurs, je fis le petit trajet qui restait entre l'arrêt de bus et la clinique à pied.

En arrivant là-bas, j'aperçus la cousine de mon père, Marianne, très proche de mes parents, et sa fille Marion aux côtés de ma mère et de ma sœur. Marion a eu un pressentiment, elle sentait qu'elle devait venir cet après-midi-là, alors qu'une visite dans une maternité était prévue, cela aurait été sûrement plus gai pour elles deux.

En rentrant dans la chambre, je vis mon père dans la même position que le matin, à moitié sur le flanc gauche et tourné vers la fenêtre, un œil entrouvert, mais comme vide, il n'a pas bougé. J'entendais par contre que sa respiration avait changé. Elle semblait courte, difficile et très espacée, je me disais que c'était encore cette toux qui devait faire ça et ma culpabilité s'accrut de surplus. Je m'assis à sa droite sur le fauteuil roulant, c'était devenu ma place ces dernières semaines. Ma mère et ma sœur, prirent place de l'autre côté puis Marianne passa et souleva le drap pour regarder les pieds de mon père. Elle parla à voix basse à ma mère. J'ai trouvé ça étrange sur le moment, mais n'y ai pas tenu compte. J'ai compris plus tard qu'elle regardait si ses pieds étaient bleus, signe imminent que la fin approchait.

Une heure passa. On discuta entre nous, je remarquai que ses respirations étaient de plus en plus espacées, mais pour être franche ça ne m'inquiétait pas plus que ça. Mon déni étant à son paroxysme, je trouvais une excuse à tout pour ne pas voir la vérité en face. Aurélie, l'infirmière présente cet après-midi-là, entra et s'avança sur mon père, se pencha vers lui et se retourna vers nous les yeux remplis de larmes. La phrase qu'elle a dite a résonné pendant de nombreuses semaines dans ma tête.

– Il est en train de partir, je suis désolée.

Comme si lestée d'une lourde pierre autour du cou, je suis attirée vers le fond sans pouvoir opposer de résistance. Je me sens molle et vidée en une fraction de seconde.

À partir de là, je commence à avoir des trous noirs. Il me semble voir ma mère dans les bras de Marianne ou ma sœur, je ne sais plus, je sors dans le couloir pour appeler mon frère. Quatre ou cinq appels sans réponses, je tape un texto et laisse un message sur sa boîte vocale.

– C'est Dorine, papa est en train de partir dépêche-toi de venir.

Ma voix tremble, je n'arrive même pas à la contrôler.

J'appelle ensuite mes tantes et Doris avec à peu près les mêmes paroles. Puis apeurée, je retourne dans la chambre. En entrant, je suis comme anesthésiée, j'ai peur de bouger, de faire du bruit, limite de gêner. J'ai l'impression que personne n'ose se regarder.

Nous sommes là, debout autour de lui, en train de le regarder s'éteindre à petit feu. Je me surprends à être de plus en plus axée sur sa respiration. Je compte, mesure, calcule le nombre de respirations qu'il peut faire au cours d'une minute. J'avais tellement lu d'articles qui parlaient des derniers signes de vie d'une personne mourante. Je pensais que ça m'aiderait à me préparer, que je serais moins prise au dépourvu, que ça serait moins soudain, mais là, je suis passée à côté de tout ça. Je n'ai rien vu venir et maintenant, je me retrouve près de mon père à lui tenir la main. J'ai ce réflexe de regarder ses doigts et ses ongles qui commencent à bleuir et j'attends. Je sais que ça va arriver d'une minute à l'autre et mes larmes coulent en harmonie funeste avec celle de tous mes proches.

Tout le monde se tient enfin à ses côtés. Une dizaine de minutes se passe, je suis debout à sa droite, mon frère à côté de moi, mes tantes et mon oncle au bout du lit. Ma mère est sur sa gauche assise près de lui et ma sœur dans le fauteuil. Après un passage presque chacun son tour, nous lui disons au revoir, lui adresse une dernière parole, lui donne un dernier baiser.

La veillée silencieuse commence. Le docteur ausculte le cœur de mon père. Puis annonce qu'elle va nous laisser ensemble. Je n'arrive pas à détacher mes yeux de sa carotide, je la vois encore battre, mollement, de manière très lente et espacée ou peut-être que j'ordonne mon cerveau de me convaincre, je ne sais pas. Je compte intérieurement les secondes. Il reste plus d'une minute sans respirer.

Je pose ma tête sur son épaule et agrippe son maillot, mes larmes ne cessent de couler. J'aurais voulu lui dire tant de choses encore, mais me pliant au comportement silencieux des autres, je me contente de lui chuchoter à l'oreille que je l'aime de tout mon cœur. Je mouille son t-shirt puis le frotte, acte complètement idiot à ce moment-là. Le docteur entre dans la chambre et nous annonce que ça y est, il est parti…

Mon papa est mort !

Je suis choquée, vide, mon cœur est en mille morceaux. Mon repère, mon pilier, une moitié de mon âme est partie. Mes tantes et ma sœur sont auprès de ma maman. Elle pleure ! Le roc qu'est ma mère s'effondre tel un château de cartes. C'est tellement rare de la voir pleurer, elle si dure habituellement. Je me mets en retrait, je n'arrive pas à comprendre qu'il s'est éteint devant mes yeux, que son âme a quitté son corps tout comme lui nous a laissé.

Marianne me prend dans ses bras. Je n'arrive même pas à

la serrer moi-même, mais je la laisse faire. Le temps semble s'être arrêté. Quelques minutes plus tard l'infirmière entre dans la chambre en tenant à la main un genre de minerve. Elle lui ferme complètement les yeux et l'installe sous son cou en nous expliquant qu'avec cet instrument, lorsque le corps se rigidifiera, la tête restera droite. Je trouve ça d'un glauque de le voir avec sa minerve et les yeux clos, irréel même.

J'étouffe, il faut que je sorte de cette pièce oppressante au plus vite. J'entends quelqu'un dire « surveillez Dorine ! », je ne sais pas qui a dit ça, ma mère certainement, mon esprit et mon corps sont déjà ailleurs. Je descends par la cage d'escalier, baisse la tête pour que personne ne me voie pleurer, je sors sur la terrasse de derrière et me met sur le côté pour ne pas que l'on me voit ni qu'on me trouve.

Je pleure encore, je me dis qu'il vient juste d'avoir une de ses crises d'angoisse et qu'en remontant dans sa chambre, il sera apaisé, détendu et plongé dans ce sommeil artificiel que les traitements lui autorisaient.

Étant dans mes pensées, j'ai du mal à remonter à l'étage.

Je le vois encore quelques jours auparavant au même endroit, raconter au docteur qu'il voit des perroquets et des oiseaux multicolores au bout de son lit, fruit de ses hallucinations provoquées pas ses traitements ou métastases au cerveau.

Je m'en veux de ne pas être aux côtés de ma mère pour la réconforter, mais je ne m'en sens pas du tout capable. J'essaye de me calmer pour pouvoir retourner dans sa chambre, mais j'ai peur de le voir allongé et mort. Je ne sais pas pourquoi, mais je pense à ce moment-là à demander à tous mes proches décédés de le recevoir. Les morts attendent bien à l'autre bout de la lumière pour accueillir les nouveaux, non ? Une vingtaine de minutes passent, mes larmes ont tant bien que mal cessé de couler pour le moment.

Il faut que je remonte et que j'affronte la vérité en face. Je passe par les toilettes pour essayer de retrouver une tête convenable. Je regarde dans le miroir au-dessus des lavabos. Le reflet de cette fille me fait pitié, me mets en colère même. Je commence à sentir une rage qui monte doucement mais trop sûrement à mon goût.

Mon père n'aurait pas voulu voir toutes ces larmes. Je

tente de faire dégonfler mon visage en y passant de l'eau fraîche, mais c'est peine perdue, on ne peut pas enlever trente minutes de tristesse, de sanglots, de pleurs avec quelques gouttes d'eau supplémentaires.

C'est le cœur lourd et la tête ailleurs que je me dirige vers l'ascenseur. J'appuie sur ce maudit numéro trois qui mène littéralement au couloir de la mort. Une fois les portes ouvertes, je crains de sortir, je marque un temps d'arrêt. Mon cœur et toute mon âme veulent être près de mes proches et de mon père, mais ma peur et mes angoisses de le voir inanimé et sans vie m'empêche de rejoindre la chambre. Je prends la direction opposée et entre dans la salle de repos des familles du service. Une douleur commence à m'emparer lorsque je me rends compte que les moments où les souvenirs allaient me sauter au visage seraient douloureux. Lorsque je rentre dans cette salle, c'est la table devant la porte d'entrée que je vois en premier.

Je me rappelle alors cette dernière partie d'échecs faite avec lui. Je sens un pincement au cœur lorsque je me rends compte que plus jamais je ne jouerai avec lui, qu'il ne pourra pas apprendre à jouer à Noémie comme il m'a appris, que je ne m'impatienterai plus lorsqu'il met une éternité à bouger un pion.

Chassant cette bulle de regret, j'avance vers la fenêtre, les yeux remplis de larmes, je regarde le ciel et vois un pigeon faire plusieurs tours, là, juste devant moi, il ne s'arrête pas et fais des dizaines de cercles nets avec un mouvement d'ailes régulier.

J'entends des bruits de pas dans le couloir, je me frotte les yeux d'un geste rapide et pudique avant de me retourner. Une des infirmières du service s'approche de moi et pose la main sur mon épaule d'une attitude qui se veut, je pense, réconfortante et me demande de but en blanc :

– Est-ce que votre père était croyant ?

Je ne sais quoi répondre, car je crois que lui-même ne le savait pas. Je l'ai toujours entendu dire qu'il était athée, qu'il ne croyait en rien, surtout avec tout ce qui lui était arrivé tout au long de sa vie, mais en même temps, il nous a baptisés, faisait le signe de croix ou bénissait les corps. Me voyant cogiter, elle m'explique que c'est pour la position des mains. L'une au-dessus de l'autre pour les non-croyants et les doigts croisés pour les gens ayant la foi. J'ai dit de les lui croiser. J'espère ne pas m'être trompée.

Une fois l'infirmière partie, je m'assois dans un fauteuil et poste un message sur les réseaux pour annoncer la triste nouvelle. Ces derniers jours, je recevais beaucoup de messages de personnes prenant de ses nouvelles donc plutôt que de répondre individuellement cela me semble être la meilleure solution. Les messages reçus par centaines me touchent. Ça ne le ramènera pas, mais lire tout ça me rappelle combien il était aimé et apprécié. Beaucoup pleurent sa perte, d'autres racontent des anecdotes, tous sont là, en soutien.

Les mots choisis par nos proches sont touchants à lire. Les membres de notre famille soulignent ses traits de père aimant et qu'il doit être fier d'avoir été entouré, jour et nuit, jusqu'au bout, qu'il était un bon oncle, beau-frère, cousin, collègue... Je peux voir à quel point, un nombre incalculable de personnes l'appréciait. Des amis de longue date participent à ce flot de compliments et hommages, certains même le remercie d'avoir été un deuxième père lorsque ceux-ci avaient perdu le leur.

J'entends d'autres pas résonner dans le couloir, cette fois il s'agit de la psychologue. J'ai tout fait pour ne pas la croiser ni lui parler durant toute l'hospitalisation. J'avais tellement peur qu'elle réussisse à me faire parler ou me confier. Ça faisait deux ans que je contenais tout, gardais tout, je ne voulais pas qu'une inconnue me fasse parler de mon père ou de ce que je ressentais, elle ne connaissait rien de moi ni de nous, ça n'aurait servi à rien d'en discuter avec elle.

Je soupçonnai ma mère de lui avoir touché un mot à mon sujet. Elle a dû lui expliquer le lien fusionnel qui m'unissait à mon père et peut-être le fait que je ne parle pas beaucoup. Elle restera malgré son statut de psychologue assez respectueuse de mon silence. Elle se contentera de me dire qu'il s'est battu jusqu'au bout et qu'il pouvait enfin se reposer.

Tout le monde est sorti de la chambre, car les infirmières

devaient le « préparer » selon leurs termes. Elles nous rappelleront quelques minutes plus tard. En entrant dans la chambre tout est débranché. La pompe à morphine est enlevée, les diffuseurs en tout genre aussi, le volet fermé à moitié, sûrement pour une atmosphère de salon funéraire et un vase de fleurs gît sur la table de chevet. Ils ont recouvert mon père de sa couverture jusqu'à la poitrine et je remarque ses mains croisées au-dessus de celle-ci.

Si je n'avais pas assisté à tout ça la dernière demi-heure, j'aurais réussi à me convaincre qu'il dormait. J'entends tout le monde dire qu'il semble apaisé, qu'il a un beau visage, qu'il ne souffre plus, qu'il s'est battu jusqu'au bout. Mais moi, je m'en fiche de tout ça, je veux juste qu'on me rende mon père.

Malgré les bons sentiments que tout le monde met pour me réconforter, j'ai juste envie que l'on m'ignore. Je me mets en retrait dans les toilettes, je vois que la moitié de ses affaires ont été enlevées et j'entends ma mère dire qu'il faut que la chambre soit vide à 18 h 30.

Je trouve ça tellement impersonnel et déconsidéré de

presser une famille à tout ranger d'une minute à l'autre comme ça et s'affairer dans tous les sens. Le contraste entre l'aura silencieuse autour de mon père et les discussions et les cabas qui se remplissent autour de lui comme s'il n'était pas là me trouble. Les pompes funèbres arrivent bientôt et il faut bien reprendre ses affaires, mais ça me met en colère.

Je n'arrive toujours pas à le regarder. C'est bête, mais j'ai peur de le toucher, de le sentir froid et dur. Je me demande ce qui ne tourne pas rond chez moi pour penser à des choses pareilles. Je vois ma mère l'embrasser, c'est tellement rare, puis elle dit d'une voix brisée :

– Avec qui je vais me disputer maintenant ?

Marianne lui répond :

– Ça va être dur, mais tu verras, tu seras soulagée après !

Elle-même a perdu son père quelques semaines plus tôt et l'a accompagné jusqu'à la mort tout comme nous. Moi, je n'arrive toujours pas à parler. Je change souvent de place, surtout lorsque quelqu'un s'approche de moi.

Enfin, les pompes funèbres arrivent. Nous lui disons un dernier au revoir puis partons. Ma sœur et mon frère s'occuperont de ma mère, moi, je ne m'en sens pas capable, je m'en veux encore aujourd'hui.

CHAPITRE 5

Lorsque je suis rentrée chez moi, j'étais totalement à côté de la plaque, je n'arrivais toujours pas à y croire. J'ai eu du mal à raconter à mon mari comment il était parti et n'ai pas réussi à l'annoncer à mes enfants, je le ferai plus tard dans la semaine.

Je sentais que la nuit allait être difficile, mais je ne voulais pas prendre de calmants ni somnifères qui me plongeraient dans un sommeil artificiel et non voulu sans être en pleine possession de mes moyens. Je préférais encore me débrouiller seule, tout ça ne servirait qu'à endormir la douleur et non pas à me l'enlever ou la guérir. Cette douleur dans ma poitrine ne faisait que s'agrandir, je compris alors que l'enfer existait sur terre, surtout lorsqu'on fait face à la perte d'un être cher.

Vidée et épuisée, je couchais le plus rapidement possible les enfants. Ce mal de crâne provenant de mes pleurs de l'après-midi et maintenant de la retenue de ceux-ci pour ne pas inquiéter mes enfants, me dévorait. Une fois dans mon lit plus un mot ne sortit. Sachant comme je suis, Mickaël n'essaya pas de me faire parler. Malgré la fatigue, je ne trouvai pas le sommeil, j'avais même peur de dormir. Les images de l'après-midi repassaient en boucle dans ma tête, mais c'est surtout la phrase de l'infirmière qui résonna le plus. « Il est en train de partir, je suis désolée » cette sentence résonna encore longtemps après.

J'aurais tant voulu perdre la mémoire, oublier ce qu'il s'était passé à l'hôpital, mais c'était impossible, il fallait faire face à tous ça. Je ne comprends toujours pas pourquoi Dieu a débouté toutes mes prières, mes demandes intimes et célestes. Pourquoi ne pas l'avoir guéri ?

Nous sommes des milliards sur cette terre, pourquoi lui ? J'ai fait le bien autour de moi toute ma vie, sans prétention, je sais que je suis une bonne personne, alors pourquoi ne pas m'accorder cette demande, cette faveur, qui au vu de l'immensité de ce monde, passerait pour une goutte d'eau dans l'océan. Je suis la fille d'un sacré guerrier, d'un lion, mais je n'ai pas son courage ni sa force pour supporter tout ça. J'ai toujours été croyante et le resterai à vie, mais à ce moment-là, j'en voulais au Seigneur et à ma bonne étoile. Je suis condamné à vivre la moitié de ma vie sans lui et quand je pense aux nombres d'années que ça représente ça me donne le tournis au point de ne pouvoir faire de calcul.

Le lendemain, je commençais ma journée totalement à côté de la plaque. Je n'intégrais toujours pas qu'il nous avait quitté, mais notre passage aux pompes funèbres me ramena de plein fouet dans la réalité. Enfermés dans le bureau presque une heure, le temps me parut long. Entendre ma famille rédiger le faire-part, la dame du salon expliquer qu'il avait reçu les « soins », tels ou tels produits, mais qu'il était très beau, me semblai irréel.

Ils ont revu ensemble les derniers arrangements, la date et heure de l'enterrement et de l'incinération. Moi, je ne pris pas part aux discussions et restai silencieuse de très longues minutes, acquiesçant juste lorsqu'on me demandait si j'étais d'accord avec les choix. Puis le moment où nous allions le voir arriva, la dame nous conduisit jusqu'à sa pièce.

Soudainement, je fus pétrifiée, j'avais peur de le voir, je décidais alors de laisser passer ma mère, mon frère et ma sœur puis rentre la dernière. La pièce semblait basique, typique d'une chambre de salon funéraire. Lorsque je rentrais, je ne le vis pas tout de suite, un paravent en bois sombre étant placé de telle manière à ce que l'on ne voit rien en entrant. Sur la gauche, un fauteuil en cuir marron se tenait près d'une table basse. Je savais qu'il reposait là, juste derrière le panneau. J'attendais les réactions des autres pour m'avancer. Je les entendais dire qu'il était beau, donc doucement, je m'avançais et lorsque je l'aperçus je me retins de pleurer, car je ne le reconnaissais pas et quelque chose me troublait.

Cette peau jaunie à cause de son foie, qu'il avait ces dernières semaines, avait laissé place à un teint de poupée de cire et le fait qu'il ne porte pas ses lunettes me perturbait. Il était vêtu de son joli costume gris, celui-là même qu'il portait à mon mariage. En bonne croyante que je suis, je bénis pour la première fois le corps de mon père les yeux remplis de larmes.

Ma sœur et ma mère s'approchèrent de lui, une de chaque côté et l'embrassèrent chacune leur tour. L'une des deux remarqua un sourire sur ses lèvres. Effectivement, ce petit rictus de coin qu'il avait lorsqu'il se moquait de quelqu'un ou ricanait dans sa moustache, on pouvait le retrouver. Je ne réussis pas à le toucher ni à l'embrasser comme elles le font, je ne voulais pas le sentir froid, donc je ne me forçais pas.

Les visites allaient commencer et malgré la plage horaire de fin de journée que nous avions choisi pour être présents dans le salon, nous passions nos après-midi complètes là-bas. Tous les jours de cette semaine passée au salon funéraire furent semblables les uns aux autres.

Beaucoup de visites de notre famille, voisinage, collègue de travail, membres du personnel soignant de la clinique, mais aussi des amis de ma sœur et de mon frère. Peu de personnes étaient là pour moi. Seules deux amies d'enfance, desquelles j'étais très proche avant que nos vies d'adultes nous éloignent, sont venues. Elles connaissaient mon père puisqu'elles venaient régulièrement chez moi étant plus jeune.

Je parlais toujours très peu, je laissais ma mère et ma sœur expliquer aux gens comment s'était passé son dernier jour, ou son combat, car moi je n'en avais pas envie. Je me sentais très seule et regrettais de ne pas avoir de proches autres que mon cercle familial pour parler de tout ça, car je ne voulais pas causer de peine supplémentaire aux personnes le connaissant.

Le dimanche arriva péniblement. Nous avions passé la semaine au salon et la mise en bière eut lieu ce jour. Les proches de notre famille étaient là, ma marraine et mon oncle remontaient de Savoie et n'allaient plus tarder à arriver. J'ai emmené mon ordinateur pour essayer de finir mon texte pour la messe, j'avais tellement envie qu'il soit parfait que je le retouchais sans arrêt. Après avoir enfin mis un point final, je rangeai mon PC dans mon sac et m'assis dans un des canapés.

Je n'avais rien d'autre à faire que de regarder le va-et-vient des personnes qui entraient dans la chambre funéraire pour dire au revoir à mon père, en essayant à chaque fois de deviner ce qu'ils lui avaient dit comme dernières paroles.

Plus tard, un jeune homme en costume cravate s'approcha de nous et se présenta comme le maître de cérémonie qui allait s'occuper de nous lors de la mise en bière et de l'enterrement demain. Il nous annonça qu'ils allaient le mettre dans le cercueil et que la petite cérémonie pourrait commencer.

Quelques minutes plus tard, il nous fit entrer dans la chambre. Quelle étrange vision de le voir dans son cercueil. La vanne imaginaire retenant mes larmes en public depuis une semaine, lâcha en une fraction de seconde. L'expression « finir entre quatre planches » prenait visuellement tout son sens. Le jeune homme prit la parole pour dire quelques mots sur mon père puis lu le texte « La mort n'est qu'un passage » de Henry Scott-Holland.

Une fois la petite cérémonie terminée, je me mis sur le côté. Tout le monde passa un à un pour lui dire un dernier mot, un ultime au revoir, une dernière parole, tous plus émouvant les uns que les autres. Les paroles de mon oncle Hervé, me touchèrent. Avec une légère brisure dans la voix, il posa sa main sur la sienne et dit :

– Bah alors, qu'est-ce que tu nous as fait là, hein ? Ce n'est pas possible... Tu te souviens quand on écoutait « Mon vieux » de Guichard tous les deux ?

Puis il a baissé la tête, ému. Cette chanson, qui parle à beaucoup de gens, passera le lendemain lors de son enterrement et à ce moment-là, j'ai su qu'il se remémorait des choses.

J'ai laissé passer tout le monde et attendis d'être la dernière, car je ne voulais pas que l'on m'écoute. J'avais besoin de ce moment de solitude pour pouvoir lui dire au revoir même si je n'en avais pas envie. Il paraissait si beau malgré les circonstances et le lieu. Tout semblait si calme autour de lui, mais quelle tristesse de le voir allongé dans ce cercueil. Debout à côté de lui, je posai ma main sur son front, j'eus l'impression de revivre le jour de sa mort, c'était il y a six jours maintenant.

Machinalement, je lui caressai la tête avec un « chut » mélodieux et apaisant. Ces mouvements qui me semblaient le réconforter comme un enfant lorsqu'il souffrait, divaguait ou avait ces crises d'angoisse terrifiantes qui me glaçaient le dos et me faisaient comprendre qu'il lâchait prise, que sa carapace commençait à se fendre et qui m'ont fait découvrir que mon père pouvait pleurer, moi qui le croyais dénué de toutes larmes. Elles me firent remarquer, un peu plus tard que les autres certes, que son combat, le nôtre aussi, était perdu d'avance.

Mes larmes coulaient, c'était si dur de le regarder une dernière fois. J'essayais d'imprimer un maximum de détails de ce visage que j'avais regardé des millions de fois pour ne rien oublier. L'apaisement qu'il affichait me rendit envieuse, c'était à nous, à moi, de souffrir et de lutter maintenant. Perdue dans mes pensées, ma marraine s'approcha de moi et posa sa main sur mon épaule.

– Ça va ma grande ? Il est l'heure de sortir… Me dit-elle de sa douce voix habituelle.

Je lui répondis poliment d'un geste de tête et d'un sourire forcé que ça allait et m'efforçai de trouver le courage de quitter à la fois cette pièce et mon père. Un dernier baiser sur son front comme je l'avais fait chaque jour de ma vie, encore un « je t'aime » au creux de l'oreille et un ultime regard sur cet homme qui venait de m'apprendre sa dernière leçon, celle de mourir. Je laissai mon père, seul, dans cette pièce et dans cette boîte qui brûlera le jour d'après.

Tout le monde annonça que le lendemain serait pire et malgré l'impression stupide d'abandonner mon père, j'aspirais à partir rapidement du salon funéraire dans lequel j'avais passé la semaine. Cette nuit-là, je n'ai que très peu dormi, la peur d'être à ce jour fatidique des adieux m'effrayait. Après lui avoir dit adieu le jour de sa mort, lui avoir dit au revoir lors de la mise en bière juste avant de fermer ces quatre planches, l'ultime adieu arrivait à grands pas.

Je ne cessais de relire le texte que j'avais préparé pour l'église. Je ne savais toujours pas si je devais le lire moi-même ou non. Je suis quelqu'un de tellement pudique et timide d'ordinaire. Je ne parle jamais en public, surtout devant un nombre de personnes important, mais aussi, j'étais persuadée que l'émotion et la peine me submergeraient. J'avais mis tout mon amour, toutes mes peines et toute mon âme dans cet hommage, car je désirais vraiment que tout le monde sache à quel point mon père était un homme extraordinairement bon et qu'il avait tout laissé dans cette bataille.

Je prendrai la décision le lendemain. Il fallait que je dorme un peu, mais j'avais trop de choses en tête. C'était d'ailleurs les nuits qui restaient les plus dures. Chaque nuit, le sommeil me désertait à défaut des idées noires et cafardeuses alors je veillais, tardais, repoussais cette partie interminable d'une journée sans lui. Je n'arrivais toujours pas à me confier ni à parler de lui à quiconque alors je prenais mon téléphone, me connectais sur sa messagerie instantanée et lui écrivait tout et n'importe quoi.

Je me suis étonnée de la facilité avec laquelle tous ces mots s'enchaînaient, libérant temporairement mon chagrin. Je n'ai jamais appuyé sur le bouton « envoyer » mais ça me faisait du bien. Alors au lieu de perdre tout ce que j'écrivais, je décidai de tout écrire sur un carnet. D'abord le jour de sa mort, puis son courage face au cancer, me disant que toutes ces pages serviraient sans doute plus tard à faire connaître le combat de mon père aux enfants de notre famille.

Je sais qu'il éclairait ma plume, mes interminables nuits blanches, me maintenait éveillée. Mais lorsque mes besoins physiologiques prenaient le dessus sur mon esprit fatigué de lutter, je sombrais dans un demi-sommeil et j'entendais sa voix. Celle-là même qui me disait « allez malin, c'est tout ! ». Était-ce un rêve ou le fruit de mon imagination ? Je ne voulais pas le savoir...

CHAPITRE 6

Le 4 juin :

Le jour des adieux commença, la semaine au salon funéraire fut éprouvante. Je n'avais dormi que deux ou trois heures chaque nuit et je commençais à manquer cruellement de sommeil. La messe à l'église étant prévue à 9 h, j'eus juste eu le temps de déposer les enfants à l'école et la crèche avant de rentrer me changer. Cette boule de stress et de tristesse qui logeait au fond de mon ventre commençait à gonfler. Lorsque j'arrivai à l'église, je vis un énorme groupe de personnes proche de mon père.

Après avoir salué les membres de ma famille, nous fûmes priés de rentrer dans l'église et déjà les larmes me montèrent aux yeux lorsque j'aperçus une plume blanche à quelques mètres de la première rangée de bancs. Les plumes sont des signes laissés par nos anges, il faut y croire, certes, mais à cet instant je me convainquais que c'était lui qui nous l'envoyait.

La dame qui s'occupait de la cérémonie nous demanda le

CD avec les chansons qui passeraient ainsi que les textes qui seraient lus lors du temps d'accueil accordé au souvenir du défunt. Chacun de nous quatre en avait écrit un. Didier décida de lire son texte lui-même, ma sœur et ma mère passèrent leurs tours et moi, au vu de l'émotion que j'essayais déjà de contenir, renonçai aussi.

Je m'en voulais de ne pas faire ce dernier cadeau à mon père, mais lorsque je vis mon frère terminer sa lettre difficilement et ma sœur effondrée au côté de la dame qui lisait son texte, je me dis que c'était la bonne décision. Leurs textes, souvenirs, récits étaient touchants, ils me firent de la peine, car dans cette épreuve, je ne souffrais pas seule, ils enduraient tout autant que moi.

Je savais que mon tour arrivait, tout le monde découvrirait bientôt mon texte, mes sentiments et le plus profond de mon âme. À cet instant, sans pouvoir l'expliquer, je ressentis comme une poussée de courage, il fallait que je le lise moi-même, que je fasse ça pour lui. Alors d'un geste de la tête, je fis comprendre à la dame de la paroisse que je lirai et de ce fait m'annonça à tout le monde.

Je n'arrivais pas à croire que j'allais lire tout ça devant tout le monde, il ne fallait surtout pas que je pleure, alors je me concentrai et fis abstraction de la centaine de personnes qui me regardaient avec des airs de compassion, de tristesse et pour certains de surprise. Je montai sur l'estrade et soufflai un bon coup avant de jeter un regard à Mickaël, son frère Sébastien et ma belle-mère qui connaissaient mon texte. Après avoir reçu les regards de soutien et d'encouragement dont j'avais besoin, je me lançai :

Bonjour à tous.

Vous êtes venus accompagner mon père dans son dernier voyage. Il était pour vous, une connaissance, un collègue, un ami, un frère ou un membre de votre famille. Pour moi, c'est mon papa !

L'homme de la famille, mon repère, celui qui m'a tout appris. Je pense d'ailleurs que mon côté garçon manqué vient de là. J'ai passé tant de temps à faire des choses qu'un père et un fils font habituellement. Bricoler, tapisser, aller au stade Bollaert ou à la pêche, des après-midis console aux soirées foot... Et j'en passe.

Papa, dans ma quête d'être la plus proche de toi, je te suivais partout, partageais tout et copiais tout ce que tu faisais et j'adorais être ton pot de colle comme tu m'appelais.

J'ai eu une enfance magnifique. Les règles et valeurs que l'on a reçues ont fait de nous des adolescents respectables, polis et droits et je pense pouvoir dire sans prétention que nos vies d'adultes et de parents sont plutôt réussies.

Tu as toujours su nous faire ressentir l'amour que tu nous portais d'un simple regard, d'un clin d'œil ou d'une main tendue pour qu'on la tienne et ces dernières semaines à tes côtés n'ont fait que renforcer le nôtre.

Tu nous as préparés à beaucoup de choses, mais pas à cette souffrance... Quand les adieux seront finis, que ferons-nous ? Lorsque j'arriverai chez vous, tu ne seras pas dans ton fauteuil, ni dans la cuisine en train de gratter un jeu. Tu ne me demanderas plus si les loulous ont bien dormi et je ne déposerai plus de baiser sur ton front pour te dire au revoir. Je vais devoir me contenter de regarder ce fauteuil vide, en pensant secrètement que je donnerai tout pour t'y revoir.

La seule chose réconfortante dans toute cette tristesse, c'est de te savoir enfin libéré. Plus de chimio, ni morphine, ni douleurs, juste plus de cancer. Cette maladie nous ayant pris tant d'êtres chers, ayant, Dieu merci, échoué avec maman, a redoublé d'efforts pour s'attaquer à toi. Elle t'a infligé les pires épreuves, les pires douleurs, les pires complications qu'elle puisse donner. Pourquoi tant d'acharnements ? En plus de t'avoir affaibli, elle t'a changé physiquement, mentalement, allant même jusqu'à te faire oublier notre existence parfois, en nous touchant du coup en plein cœur.

Mais c'était sans compter sur ta force... Je me demande encore comment tu as pu tenir deux ans ! Un combat mené sans peur, sans plainte, sans jamais baisser les bras. Juste du courage, de la force et du mental. Tu as forcé le respect de tout ton entourage, de toutes les équipes médicales que tu as croisées, tissant même avec eux des liens amicaux tellement tu étais admirable de combativité.

On pourra dire ce que l'on veut sur notre famille, mais quelle fierté et amour tu as dû ressentir de nous voir unis et présents, jour et nuit, jusqu'à cette funeste après-midi où la maladie a emporté ton dernier souffle et volé ton ultime battement de cœur.

Nous étions là, te tenant la main pour certains, présents dans la chambre pour d'autres ou pour ma part, ma tête posée sur ton épaule, ma main agrippant ton t-shirt.

Nous étions deux au commencement de cette étreinte, mais je l'ai fini seule au moment où tout a basculé, et au vu du vide que j'ai dans le cœur, je te soupçonne d'en avoir pris un morceau pour l'emporter avec toi là-haut.

Cette nouvelle vie sans toi est déjà si dure, mais je regarde le ciel différemment maintenant. Je t'imagine y vivre cette retraite que tu attendais et méritais tant.

Repose-toi mon lion, mon étoile, tu le mérites tant et surtout n'oublie pas que :

« Tout ce que j'ai de meilleur en moi, c'est ce qui vient de toi ! »

Ton « tiot » malin.

Après avoir lu mon texte, je retournai m'asseoir. Sur le court chemin qui me ramenait à ma place, je regardai ma mère qui fixait le sol, à quoi pensait-elle ? J'aimerais tant être dans sa tête à ce moment-là... Les frères et sœurs de mon père me regardèrent avec attendrissement.

Je m'autorisai un regard rapide dans la salle, j'aperçus beaucoup de regards rougis. Je ne souhaitais pas faire pleurer, ni sur moi, ni sur mon père, mais passer assez d'émotions pour que les gens comprennent mieux le lien qui nous unissait. Qu'il fut difficile de se contenir, de s'empêcher de pleurer, je ne voulais pas donner encore plus de peine à ma mère, mais bien souvent durant la cérémonie mes larmes ont coulèrent.

Je sentais qu'il était là parmi nous, j'en étais convaincue. À plusieurs moments, j'ai décroché, une multitude de questions me passant par la tête. Aimait-il nos choix musicaux, nos textes, de voir autant de monde présent pour lui ?

Plus vite que je ne le pensais, la cérémonie à l'église toucha à sa fin. Les premières notes de la chanson « Salut » résonnèrent et l'heure de sortir arriva. La première étape de cette journée fut terminée. Il en restait encore pas mal à achever, mais je me sentais déjà vidée. Je me demandai comment nous allions pouvoir tenir toute la journée en suivant cet itinéraire des adieux. Une fois tout le monde dehors, les pompes funèbres remirent mon père dans le van.

À cet instant, comme une bulle à part dans mon esprit complètement à l'ouest, je me demandais si le conducteur conduisait bien.

Mon père détestait les gens qui conduisaient comme des pieds, surtout lorsqu'il s'asseyait côté passager. Me voilà à me remémorer le jour où il m'a appris à passer les vitesses sans qu'il y ait d'à-coups dans la voiture.

– Malin, tu conduis bien, mais lâche moins vite ton pied quand tu passes ta vitesse. Reviens en seconde et refais-le.

Exécutant avec minutie ce qu'il venait de me dire, je remarquai la différence.

– Tu as vu ? Ma tête n'est pas partie en avant, c'est que tu l'as bien fait.

J'acquiesçai. Il me répondit alors :

– Eh oui ! C'est un bon ton père, hein ?

Je lui demandai si ses chevilles ne gonflaient pas trop et nous avions ri. Ce petit flash-back me fit sourire.

La prochaine étape se passera au crématorium. Je redoutais ce moment, car nos chemins s'arrêtaient là-bas. Je n'ai pas voulu prendre la responsabilité de conduire ce jour-là, Mickaël non plus. Ce fut donc Sébastien, son frère aîné et aussi mon meilleur ami, qui nous servit de chauffeur toute la journée. Je savais que c'était dur pour lui, car il adorait mon père, mais il était assez costaud pour s'occuper de son petit frère et de moi, comme il l'a toujours fait.

Me connaissant par cœur, il ne me fit pas parler, me dit juste qu'il était fier de moi et content que j'ai réussi à lire mon texte moi-même. Il dit que c'était mon père qui m'a envoyé la force de le faire, Mickaël et moi étions d'accord. Le reste du chemin se fit dans le silence, personne n'avait vraiment envie de prendre la parole.

Lorsque nous arrivâmes au crématorium, il y avait cette

fois-ci beaucoup moins de monde et de ce fait, plus d'intimité. Seule ma famille et les personnes vraiment très proches étaient présentes. Le maître de cérémonie nous appela, mon frère et moi, pour remettre la clé USB avec les chansons choisies et les photos qui passeraient pendant dans la salle. À la base, la vidéo que j'avais montée était prévue pour le crématorium, mais au dernier moment on nous l'a refusée. Sachant que mon montage passerait plus tard dans la journée lors de la longue attente avant le cimetière, je n'avais sélectionné que peu de photos.

Dès que j'entrai dans cette pièce, je me sentis déjà étouffée, oppressée. L'atmosphère paraissait être tout autre qu'à l'église. Des rangées de chaises placées en arrondi, devant un petit pupitre, puis face à nous un immense mur avec au centre deux portes qui laissaient deviner pour un lieu comme celui-ci, ce qu'il s'y passait derrière. Au-dessus de ce mur un écran où défileront les photos que j'avais choisies.

Entre nos sièges et ce mur immense, se trouvait mon père. Les premières photos commencèrent à défiler et déjà, l'émotion monta d'un cran. Voir en images cet homme que l'on perdait et quittait aujourd'hui fut tout de suite plus compliqué et réaliste.

La première chanson qui passa fut « Explorers » de Muse, choisie par mon frère. Cette musique au refrain éloquent « Free me », libère-moi, semblait évocateur de la situation et dès que la mélodie résonna dans cette pièce immense, mes yeux commençaient déjà à me brûler.

La cérémonie continua, je ne prêtais même plus attention à ce que ce monsieur racontait, je regardais les photos défiler sur l'écran, les yeux comme vides, jusqu'à ce que mon oncle prit la parole pour rendre hommage à son beau-frère, mais avant tout ami d'enfance. Un texte touchant qui retraçait leur jeunesse dans leur petit village, de leurs adolescences à leur vie d'adulte, on y découvrait une autre facette d'eux deux, c'était émouvant.

Puis pour accompagner un autre moment de recueillement, le titre que j'avais choisi démarra. Mon père étant un grand fan d'Elvis Presley, il était obligatoire d'en mettre au moins une. « Can't help falling in love ». J'ai toujours adoré cette chanson, plusieurs fois, j'ai entendu mon père la chanter dans la salle de bains, souvent dans un Anglais très approximatif, ce qui nous apportait beaucoup de fous rires lorsque nous l'entendions, mais là que d'émotions de l'entendre dans ces circonstances, il n'était pas dans son bain et il ne sortirait plus de la salle d'eau en disant qu'il avait bien chanté cette fois-ci.

Enfin, le moment de le quitter arriva. Nous nous levâmes et avançâmes vers son cercueil, une trentaine de pas à peine, mais qu'il fut difficile d'avancer. Je ne voulais pas lui dire au revoir. Une dernière caresse sur cette boîte qui allait se désintégrer dans quelques instants, un dernier baiser, aussi fort que j'aurais voulu que mes lèvres puissent traverser cette planche pour pouvoir le faire sur son front et encore des larmes qui coulaient, celles-ci plus fortes que les autres, car je savais que la prochaine fois qu'il serait en notre présence, il serait en cendres.

J'avais l'impression de l'abandonner, mal au cœur de partir sans lui, alors je me mis contre le mur sur le côté pour trouver la force de pouvoir le laisser. Mickaël, ses frères et ma belle-sœur, desquels je suis proche, me prirent dans leur bras, me firent une accolade et cette fois-ci je me laissai faire, j'avais vraiment besoin de soutien et de réconfort pour réussir à sortir de ce crématorium qui allait permettre à mon père de redevenir poussière.

Cette deuxième étape, la plus dure de toutes pour moi, s'acheva. Devant attendre un certain temps avant de récupérer l'urne funéraire et l'heure du midi approchant, nous avions loué une petite salle attenante aux pompes funèbres. Ayant des proches vivant assez loin et pour éviter de les faire revenir l'après-midi, il paraissait plus simple pour tout le monde de faire un apéritif dînatoire.

Nous pûmes souffler un peu et profiter de parler avec tout le monde, passer un peu de temps avec mon oncle et ma marraine de Savoie, que l'on ne voyait que très rarement. J'étais entourée par mes tantes, je me laissais même câliner comme lorsque j'étais enfant et tout le monde essayait de détendre un peu l'atmosphère. Beaucoup de discussions au sujet de mon père tout de même, des souvenirs, des anecdotes, parfois même, on riait en son souvenir.

Le temps commençait tout de même à être long, mon frère

décida alors de passer la vidéo hommage. J'en étais fière, j'ai passé énormément de temps à la monter et qu'il fut difficile de la commencer alors même que mon père vivait encore. J'ai toujours aimé créer ses montages vidéos, et je sais le temps que ça prend de faire un montage de qualité et non une vidéo bâclée, je n'avais pas d'autres choix que de la commencer quelques jours avant qu'il nous quitte.

Neuf minutes et cinquante-huit secondes, quatre chansons, une centaine de photos et de vidéos. En bonne maniaque que je suis, j'avais classé par catégorie et chronologiquement. D'abord celles de lui seul, de son enfance à récemment, puis avec ma mère, ensuite avec chacun de ses trois enfants puis ses huit petits enfants, les membres de sa famille et ses amis les plus proches. Je voulais que tout le monde puisse s'y voir.

La vidéo commença sur des photos en noir et blanc d'un petit garçon, sur une mélodie douce et remplie d'émotion : le morceau « Légèrement » de Vladimir Cosma, bande originale du film « Les fugitifs ». Étant plus jeune, je l'avais regardé avec mon père, et lorsqu'il avait vu la petite fille aux longs cheveux noirs, portant la frange et aux grands yeux marron, il avait dit :

– Elle te ressemble malin, quand tu étais petite ! Une belle petite fille.

Je me souviens de ce moment comme si c'était hier. Les photos s'enchaînèrent avec un flot de souvenirs. Les deux chansons suivantes étaient des reprises de Johnny Hallyday, « La quête » et « L'hymne à l'amour », puis se terminait sur « Mon vieux ». Voir nos vies défiler sur grand écran procurait un drôle d'effet. Nous y figurions tous à tout âge et je ne remercierais jamais assez ma mère d'avoir immortalisé autant de moments de vie. Les photos et les vidéos, c'est tout ce qu'il nous reste de visuel ou de concret.

La partie des vidéos arriva et ce fut encore plus difficile. Le voir danser du rock'n'roll, essayer de faire comme un robot pour amuser la galerie lors d'une fête de famille, jouer avec ses petits-enfants, y apercevoir ses petits sourires… J'ai monté cette vidéo, je savais à quel moment les photos ou les extraits arrivaient et à chaque fois, je ne pouvais me retenir de regarder la ou les personnes concernées. Que ce soit un de nous quatre, sa fratrie, beaux frères et sœurs, tous regardaient en versant quelques larmes, ces moments de leurs vies passés avec mon père. Cette petite bulle de mémoire eut l'effet escompté, celui d'entretenir son souvenir.

La dernière étape de cette dure journée arriva, alors nous reprîmes la route pour le cimetière de notre quartier. Situé à cinq minutes à pied de chez ma mère et ma sœur et moins de deux kilomètres de chez moi, cette proximité me rassurait. Étant un cimetière paysager, il était magnifiquement arboré et très bien entretenu et le calme autour en faisait un lieu de repos merveilleux.

Dans chaque allée en forme de rosace, je connais au moins un défunt, mais c'est lorsqu'un ancien voisin est décédé que j'ai commencé à y venir. Michel, emporté lui aussi par un cancer très tôt, était un homme bon et d'une gentillesse immense. Il s'occupait de beaucoup d'enfants du quartier, dont moi, pendant les vacances. Un deuxième père, lorsque le mien ne pouvait passer du temps avec moi. Étant déjà papa de trois filles, j'avais vraiment l'impression de faire partie de leur famille. Son départ m'avait beaucoup affectée, c'était donc très régulièrement que je le visitais.

Une fois garés sur le parking, le camion des pompes funèbres était déjà là. Devant les portes de la fourgonnette, était dépliée une petite table, recouverte d'une nappe, sur laquelle l'urne contenant ses cendres, se tenait. Quel sentiment étrange de me dire que mon père reposait désormais là-dedans, plus de corps ni cercueil, juste un pot.

Quelques mots encore de la part du maître de cérémonie et l'urne funéraire fut déposée dans la cavurne. Des roses, dessins ou objets personnels des enfants, accompagneront l'urne dans ce minuscule trou d'un mètre carré. Ça sera désormais ici que nous nous occuperons de lui.

Il y avait tellement de fleurs serrées les unes aux autres que j'avais l'impression qu'il s'agissait d'un énorme bouquet, ça débordait de tout les côtés. Seule une rose solitaire ne trouva pas sa place, je décidai alors de la déposer sur la tombe de Michel et lui demandai intimement d'accueillir mon père auprès de lui.

Que cette journée fût difficile. De plus, un sentiment de

flottement m'envahit. Une impression de vide même, je n'avais plus ce sentiment d'être connectée avec lui, je ne le sentais plus à mes côtés.

CHAPITRE 7

La semaine qui suivit l'enterrement fut longue. Finis les allers-retours à la clinique, terminées les journées très longues au salon funéraire, les jours me paraissaient interminables. Je regrettais déjà tout ce temps passé à m'occuper de lui, même si à la fin, je ne faisais rien de plus qu'être assise à côté de lui à lui tendre son gobelet, lui donner sa compote, lui parler ou l'apaiser lorsqu'il ne se sentait pas bien.

Je regardais sans arrêt toutes les photos de lui, les vidéos, j'écoutais tous les enregistrements que j'avais faits de lui. Entendre sa voix, ses intonations, son rire ou ses blagues que lui seul comprenait me retournait le cœur.

Ma mère m'avait donné le maillot qu'il portait lorsqu'il est parti, elle l'avait parfumé de l'eau de Cologne qu'il utilisait et chaque soir, je le sentais avant de me mettre dans mon lit et m'effondrer en pleurs pour une bonne partie de la nuit.

Des effets personnels de mon père, j'ai juste voulu

prendre la veste de jogging bleue qu'il mettait dès qu'il rentrait chez lui. Il l'avait depuis une vingtaine d'années, portait des trous et des traces de peinture dessus, mais dès qu'il était chez lui, il l'enfilait. Je n'ai jamais réussi à la porter.

Ma mère et ma sœur parlaient beaucoup de lui, moi, je n'y arrivais pas, je changeais de pièce dès qu'on l'évoquait, car je savais combien il était difficile de m'arrêter de pleurer quand je commençais.

Alors, après un nombre incalculable de nuits blanches causées par les images de sa mort, de chagrin, de souvenirs douloureux, je décidais de ne plus rien regarder, ni photos, ni vidéos, je ne parlais plus de lui, n'écoutait plus ses chansons préférées. Ça me faisait bien trop souffrir.

Une fois cette carapace bien épaisse et étanche installée, je filtrais tout ce qui se rapportait à lui, plus rien ne pouvait y entrer ni en sortir. J'essayais par tous les moyens d'empêcher mon esprit et mon cœur de penser à lui. Si je ne leur rappelais pas sans cesse qu'il était mort, peut-être qu'ils l'oublieraient !

Cependant, chaque matin, j'accompagnais ma sœur et ma mère au cimetière pour entretenir la tombe, enlever le moindre pétale ou feuille qui seraient tombés depuis la veille, mais cela attisait mon chagrin. Je ne sentais pas de changement lorsque je me rendais au cimetière, je ne comprenais pas le besoin quotidien de mes proches d'y aller chaque jour.

Pourtant, j'étais la première à critiquer les familles qui ne visitaient pas leurs défunts ou laissaient les tombes à l'abandon, étant persuadée que je passerais mes journées sur la sienne. C'était d'ailleurs l'une des raisons pour laquelle je voulais à tout prix une tombe et non un casier impersonnel et collé aux autres.

J'y retournais plusieurs fois seule, me postant devant sa tombe et fixais cette masse de fleurs déclinantes jour après jour. Je n'arrivais pas à lui parler, je ne trouvais rien à lui dire, je doutais même qu'il fût à mes côtés, je ne ressentais rien, donc je m'asseyais sur le banc près de son allée. Je restais assise sur ce banc parfois très longtemps mais, toujours rien, hormis la peine que ces visites me procuraient.

Je décidai alors de mettre la case cimetière à l'extérieur de ma carapace avec tout le reste. Tant que ça me paraîtrait douloureux ou inutile d'y aller, je n'y mettrais plus les pieds.

En cherchant des réponses à mes questions sur des blogs qui traitaient du deuil, un article attira mon attention. Il disait grosso modo que parfois les esprits, les âmes, restaient ou se trouvaient à l'endroit où le défunt décédait. Je décidais le lendemain de me rendre à la clinique pour vérifier cette thèse sans en parler à personne.

Étant pétrifiée de retourner dans cet établissement, je me garai sur le parking face à la fenêtre de chambre de mon père. Je restai une trentaine de minutes à fixer ce volet mi-clos en versant ce qui me semblait être des litres de larmes, c'était deux ou trois semaines après son départ. Lors de cette demi-heure, j'ai ressenti ce vide se combler, j'ai senti que je ne me trouvais pas là pour rien.

M'étais-je auto-convaincue ? À tellement vouloir y croire, y croit-on vraiment ? J'étais perturbée, mais ce fut la seule chose qui me fit me sentir mieux, alors j'ai continué à y aller régulièrement. Souvent, je sortais de la voiture persuadée que cette fois-ci j'arriverai à rentrer dans la clinique, mais à chaque fois, je faisais marche arrière.

Plus les jours passaient, plus je commençais à retrouver le vide à l'intérieur de moi, comme si la connexion se rompait, alors je franchis le cap et rentrai dans la clinique, je me dirigeai d'abord dans le petit salon du rez-de-chaussée.

Une nouvelle vague de souvenirs me prit à la gorge. Repasser devant les toilettes dans lesquelles j'allais pleurer quand mon père n'allait pas bien, marcher devant cet ascenseur qui me conduisait à ce fichu troisième étage des soins palliatifs, regarder l'affiche d'une vieille dame sur le mur et me souvenir que mon père riait quand je disais ironiquement que je n'aimais pas les vieux.

Puis un peu plus loin les tables où l'on se mettait pour boire un café. Tout en me remémorant ça, je continuais de scruter autour de moi, je ne voulais pas tomber nez à nez avec une des infirmières de mon père et encore moins sur la psychologue. Je décidais d'aller sur la terrasse, celle-là même où je m'étais réfugiée ce 28 mai.

Un tas de souvenirs remontèrent là aussi. Il a passé quelques semaines dans cet établissement mais les plus récents et les plus douloureux étaient ancrés dans ces murs.

Me revint en mémoire la journée où l'on avait fait des photos à cet endroit. Très impatient ce jour-là, il fallait faire fissa pour pouvoir passer chacun notre tour, car il détestait prendre des photos, mais celle que nous avions faite à cinq était magnifique.

Lui au centre sur son fauteuil roulant, ma mère debout derrière lui, le dépassant à peine d'une tête, ma sœur et moi de chaque côté et mon frère assis par terre devant lui. Malgré les circonstances cette photo est sublime, elle l'a accompagnée dans sa chambre jusqu'à la fin.

Le jour de sa mort, avant de quitter la clinique, je l'épinglais sur le grand tableau des souvenirs à l'entrée du couloir, au milieu de tous les autres défunts. Sentant que le retour à mon domicile serait difficile, je décidais de ne pas monter à l'étage et repartis.

Les moments où je me rends là-bas me font étrangement

plus de bien que de me rendre au cimetière, et même si je suis convaincue que ce n'est pas la meilleure des solutions, je continue aujourd'hui à y aller régulièrement, surtout depuis que sa photo a été mise sur le monument.

Poser ce médaillon sur la tombe m'a définitivement fait comprendre que c'était trop dur d'aller le voir. Il est magnifique sur cette photo avec ce sourire de coin qu'il arborait et qui le rendait tellement beau. Il était déjà malade sur cette photo, mais ça ne se voit même pas. Le cancer ne lui avait pas encore donné ces traits tirés et ce teint si particulier de fin de vie. C'est difficile de le voir dans ce médaillon, ça rend tout ça tellement plus concret.

Les journées continuaient à passer au ralenti et se ressemblaient avec cependant, une particularité pour chaque compte rond. Ces jours semblaient me faire souffrir et prendre conscience qu'il était réellement parti. La première semaine, quinzaine, le premier mois...

Il en était de même pour les jours « spéciaux » comme la fête des pères, les anniversaires, Noël... Habituellement, nous passions le voir pour lui apporter une bricole, boîte de cigares, jeux à gratter en plus du cadeau groupé qu'on lui offrait.

Maintenant, ce sont des fleurs supplémentaires parmi tant d'autres, que l'on dépose au cimetière.

CHAPITRE 8

Le silence et les tabous que je m'infligeais autour de sa mort avaient creusé ma solitude. Cette peine me faisait croire que j'étais isolée dans ma douleur, hermétique à la vie extérieure avec l'impression que personne ne comprenait ce qu'il se passait dans ma tête et encore moins dans mon cœur, alors j'avançais pendant de nombreuses semaines, mois, seule.

Les grandes vacances passèrent rapidement, nous avons essayé d'en profiter au maximum et de changer les idées des enfants, surtout de Noémie. Qu'elle en a souffert du départ de son grand-père ! Très proche de lui, les six premiers mois furent difficiles. Elle avait conscience qu'il était malade, que quelque chose se tramait, car c'est une petite fille qui ressent beaucoup de choses. Nous avons fait en sorte qu'elle continue de le voir, le plus longtemps possible même à l'hôpital, mais une fois l'état général de mon père dégradé nous avons stoppé les visites.

Je n'ai pas réussi à lui annoncer moi-même la terrible nouvelle, mon frère a donc proposé de lui dire en même temps qu'à sa propre fille alors que nous mangions chez ma mère.

Assis sur le lit de mes parents, ma fille sur les genoux, Didier commença par expliquer avec beaucoup de finesse et de psychologie que papy souffrait d'une grave maladie, que l'on ne pouvait plus le soigner et que malheureusement il était mort et parti au ciel.

Ma nièce, âgée à cette époque de dix ans, avait déjà fait face au deuil plusieurs fois. Elle comprit immédiatement et fondit en larmes. Je crois que Noémie a saisi en la voyant pleurer que cela semblait sérieux et demanda :

– On ne le verra plus jamais ?

Mon frère lui répondit que non, mais qu'il sera toujours dans son cœur. Elle explosa en sanglots. Je ne pus retenir mes larmes face à l'énorme peine de ma fille, plus qu'un chagrin, une souffrance.

Le court chemin pour rentrer chez nous fut ponctué par ses pleurs. À peine la porte de l'appartement ouverte, elle fonça dans sa chambre. Je pensais qu'elle se cachait pour pleurer, mais je la vis redescendre les escaliers avec à la main une photo d'elle et son grand-père lors de son premier anniversaire. Elle se dirigea vers la fenêtre et regarda le ciel tout en faisant un énorme bisou sur la photo.

L'image de ma fille pleurant à chaudes larmes avec à la main cette photo me fit un mal de chien. Durant plusieurs semaines, les couchers et les nuits furent difficiles, je ne savais plus quoi lui dire, lui promettre ou offrir pour lui remonter le moral. Ma mère lui avait donné un des maillots de mon père et parfumé pour qu'il y ait son odeur, elle le mit autour d'un des oreillers qu'il avait à l'hôpital et installa le tout dans son lit. Chaque soir, elle le serrait fort contre elle avec l'impression tactile de faire un câlin à son papy.

Malgré tous nos efforts pour l'apaiser, Noémie continuait d'aller mal, beaucoup de chagrins, de pleurs, de cauchemars et de nuits difficiles. Nous décidions donc d'aller voir la psychologue qui suivait mon père à la clinique. Elle nous expliqua que Noémie était très en avance et mûre pour son jeune âge et de ce fait, vivait un deuil d'adulte beaucoup plus long que celui d'un enfant. Elle nous conseilla de parler au maximum de mon père pour entretenir son souvenir, de faire des choses qu'il aimait pour lui faire plaisir. Mais comment l'aider alors que moi-même, je n'arrivais pas à parler de lui, ni à montrer mon chagrin devant elle ?

La discussion avec la psychologue lui fit du bien et pendant plusieurs semaines nous avons noté une amélioration. Cependant, à l'approche de la rentrée, les angoisses et les pleurs revinrent. Il y avait tellement de choses qui se passaient dans sa jeune vie. L'arrivée au CP qui occasionnait un changement d'école, la perte de son papy, c'était compréhensible.

Nous décidions cette fois d'essayer une séance de reïki et d'hypnose qui lui firent grand bien. Qu'elle a été forte et courageuse ma princesse, deux qualités qui définissaient bien son grand-père.

Lorsque l'on dit que le deuil doit se faire, d'être patient, que le temps fera son effet, c'est vrai. Au fur et à mesure, elle y pensait moins ou plutôt son souvenir ne paraissait plus aussi douloureux. Encore maintenant lorsqu'elle voit un oiseau près de la fenêtre elle dit que c'est lui qui vient nous dire bonjour.

Elle fut beaucoup plus forte que moi du haut de ses 6 ans. Nathane avait 2 ans lorsqu'il nous a quitté, malgré quelques perturbations, je pense qu'il ne s'est pas trop rendu compte de tout ça, même si parfois, il demandait où était papy. Lâchement, je changeais de sujet ou répondais vaguement qu'il était parti. Je n'avais pas le recul nécessaire ni la force mentale de rentrer dans une discussion avec mon petit bout de deux ans. J'espérais bien faire et les accompagner du mieux que je pouvais.

Ne parlant jamais de lui, je ne remémore jamais son souvenir, j'ai peur qu'ils l'oublient j'aimerais tant en parler avec Noémie, expliquer ce que je faisais avec mon père lorsque j'avais son âge, mais j'ai peur de la replonger dans la tristesse qu'elle a connue.

Le mois de septembre arrivant avec la rentrée, la routine des journées d'école m'angoissait un peu, car j'allais me retrouver à nouveau face à mon ennui, alors je décidai avec la maman d'une copine de Noémie de m'inscrire au sport.

Ludivine, fut l'un de mes soutiens principaux durant toute l'année. Prisonnière de cette bulle qui rejetait tous sentiments, je ne m'en rendais pas compte sur le moment, mais avec le recul que j'ai maintenant, je reconnais qu'elle a été là avant, pendant et surtout après. Elle garda Noémie le jour de l'enterrement, prit des nouvelles de mon père et de moi-même durant tout son temps d'hospitalisation. Je me souviens de nos discussions dans les gradins de la piscine lorsque l'on accompagnait nos filles. Toujours bienveillante, de bons conseils et de soutien, elle était là pour moi, mais trop engluée dans mon chagrin, je ne m'en rendais pas compte.

J'ai passé tellement de temps sans avoir d'amie, que ce rapprochement graduel m'a fait du bien, une belle amitié respectueuse, familiale aussi, car c'est toute sa famille que j'apprécie et vice-versa. Ces cours de gym me faisaient du bien moralement et physiquement. Des petits moments d'évasion, de décharge physique et émotionnelle. Je me surprenais parfois à rigoler avec elle lors de nos souffrances et déboires sportifs, mais qui ont renforcé notre amitié.

Sur les conseils de ma sœur, je décidai aussi de me mettre sur la liste des parents d'élèves de l'école de mes enfants. Préparer des fêtes, spectacles, marchés ou autres, me faisait passer beaucoup de temps dans l'école. Retrouver un centre d'intérêt, des choses à faire, des projets, me permettaient d'oublier cette tristesse et comblaient mes journées et soirées.

Plus j'en avais à faire, moins je pensais à mon père, donc je m'impliquais à fond et proposais de plus en plus de projets. La compagnie d'autres mamans était agréable, même si au début, je ne prenais que très rarement part à leurs discussions.

Puis de nulle part, arrive cette nouvelle personne. Cette personne avec qui l'on se connecte instantanément, mais sans s'en rendre compte forcément. Cette maman, Laura, je la croisais depuis des années dans l'école puisque nos enfants étaient dans la même classe. Lors des préparations festives de l'école, nous avons fait connaissance.

De courtes discussions, des fous rires, des atomes crochus, un parcours similaire dans nos vies me faisaient me rendre compte que cette femme serait plus qu'une simple connaissance.

Ce qui a scellé cette belle amitié fut que la plus grande de nos souffrances est la perte de nos pères. J'avais enfin trouvé cette personne qui me comprenait, qui savait mettre des mots sur mes souffrances puisqu'elle les a connues avant moi. Elle était à peine adolescente lorsqu'elle a perdu son père, j'étais consciente du combat qu'elle avait dû mener et l'admirait que d'autant plus.

Trouver une telle amitié, basée sur autant de similitudes dans deux vies, c'est rare et celle-ci tomba au moment où j'en avais le plus besoin. Laura et Ludivine m'ont beaucoup aidé ! Je ne sais même pas si elles en ont conscience, mais leur présence, leur compagnie, et nos discussions m'ont évité beaucoup de coups de cafard, je ne les en remercierai jamais assez. Elles étaient complémentaires et m'ont apporté chacune à leurs façons, tout ce dont j'avais besoin depuis tant de mois.

L'accompagnement et le soutien sont des aides précieuses pour sortir la tête de l'eau, tout comme les activités, le sport ou tous autres moyens de tuer le temps. À chaque endeuillé de trouver son échappatoire. La mienne a été d'écrire tout ça. Ce récit, livre, confessions m'ont fait un bien fou. Chaque souvenir, douleur, peine, ressentis, je l'écrivais et le relisais, parfois des dizaines de fois, jusqu'à ce que mes larmes ne coulent plus, comme si mon cœur et ma tête s'habituaient ou se lassaient de tout ça.

Alors, après avoir écrit une centaine de pages, j'ai décidé de le faire lire sur des groupes spécialisés. Le fait que des gens extérieurs à ma sphère familiale, lisent et comprennent ce que j'avais en tête et dans mon cœur me réconfortais. Je me sentais comprise, car beaucoup se retrouvèrent dans mon récit. Ce fut d'ailleurs sur leurs conseils que je décidai de me lancer et de publier notre histoire.

Un jour, après avoir posté un petit mot pour donner mon soutien à mon père pour une de ses opérations, il m'a répondu que mon texte était très touchant et que j'avais un beau talent d'écrivain. Était-ce un message prémonitoire ? Pourquoi pas... Je le prends comme tel et succès ou échec m'importent peu. Je veux juste faire connaître l'histoire de mon père. Il n'est pas le premier et ne sera pas le dernier, mais son parcours face à la maladie mérite bien d'être connu et reconnu. C'est un héros même s'il a perdu son combat !

CHAPITRE 9

Après avoir mis ma vie, mes projets, ma famille entre parenthèses juste pour me consacrer à lui pendant deux ans, ce sont maintenant mes blessures, ma douleur et mon manque de lui que je dois essayer de mettre en quarantaine.

Trois années sont passées depuis sa mort et la carapace que je me suis créée est toujours intacte, rien n'en sort, rien n'y entre le concernant. Je ne parle toujours pas de lui, n'ai toujours pas rajouté de photos chez moi et vais encore très peu au cimetière, mais je pense avoir accepté.

Pour ceux qui m'ont lu et ont connu cette terrible épreuve qu'est la perte d'un parent, d'un conjoint ou d'un proche, vous avez sûrement dû vous reconnaître dans mon récit.

Pour ceux qui sont en train de vivre ce douloureux passage de leur vie où ils doivent accompagner vers la mort un de leur proche, je vous souhaite le plus grand des courages. Passez du temps avec eux, filmez vos proches, prenez-les en photo à chaque moment de la journée, même les plus insignifiants. Incitez-les à écrire quelque chose qui vous sera destiné lorsqu'ils vous quitteront. J'aurais tellement aimé avoir une lettre, un mot ou même juste un « je t'aime » sur un bout de papier, auquel me raccrocher les jours de cafard.

Pour ceux qui n'ont jamais vécu cela, je vous envie. Ce sentiment d'être au complet lors d'une réunion de famille et de ne pas avoir ce pincement au cœur en regardant la place à laquelle cette personne tant aimée s'asseyait, comme l'était mon père dans son fauteuil gris.

Que vous dire de plus hormis de profiter et de protéger vos proches. Serait-ce moralisateur de vous dire de passer un maximum de temps avec eux ? Serait-ce absurde de vous dire que lorsqu'ils seront partis, vous y penserez à toutes ces choses ?

Les « si j'avais su » vont vous envahir à une vitesse incroyable ainsi que les remords et les regrets, donc n'ayez rien à regretter, car c'est déjà assez difficile de gérer une absence lorsque l'on a la conscience tranquille vis-à-vis de l'être perdu.

Pensez à leur faire comprendre et à vous-même aussi que les dépistages sont importants. Qu'est-ce que trente minutes par an pour un frottis, une mammographie, une coloscopie ?

Ces trente minutes peuvent vous offrir une fin de vie non planifiée et sereine à défaut de la mort et d'un départ précipité. Un contrôle régulier a pu sauver ma mère de son cancer, qui sait ce qu'il se serait passé si mon père avait fait ses examens en temps voulu ? Nous ne le saurons jamais, mais cette question reste toujours dans un coin de ma tête. J'aurais peut-être dû insister pour qu'il fasse les coprocultures de contrôle et les dépistages que l'on propose à partir de cinquante ans. On ne réécrira pas l'histoire, il faut que je l'accepte.

N'ayez surtout pas honte ou peur de parler du cancer avec vos conjoints, vos parents, votre famille, cette maladie n'arrive pas qu'aux autres !

Je ressens une tristesse infinie au fond du cœur à l'idée de vivre sans mon père. Pourtant j'ai choisi de m'éloigner sur cette rivière éthérée et de laisser son aura, son âme, son souvenir m'entraîner dans un courant de joie, de bonheur, de goût à la vie retrouvée même si bien souvent, je fais escale sur les rives de la peine, du chagrin et de la mélancolie. Il faut garder le cap mais surtout ne pas faire cette traversée seul sachant que c'est un itinéraire individuel mais non-solitaire. La capacité humaine de joie et de bonheur n'est pas aussi vaste que celle du chagrin et de la douleur, mais il faut réapprendre à équilibrer les jauges pour y trouver un juste-milieu.

Cette épreuve a apporté à ma vie des éléments de réponses. Si un jour quelqu'un me demande qui je suis, je répondrai que je suis la fille d'un héros, d'un lion, mon lion. Cet homme d'un courage exemplaire et sans faille n'a pas pu faire des enfants quelconques et communs, c'est impossible. Il nous a façonnés, sans prétention, avec ma mère, de la meilleure des façons et il est temps que je m'en rende compte. Il est temps que j'arrête de me dénigrer, de ne pas croire en moi, de ne pas vivre pleinement, car sa maladie puis son absence m'ont beaucoup affectée et mise K.O.

La petite Malin doit remonter la pente, car son papa ne supporterait pas de la voir comme ça. Le cancer a pris mon père, il ne faut pas que je sois une victime collatérale en me laissant couler et comme il le disait souvent lors de son combat « ce n'est pas un crabe qui va me bouffer » !

Si quelqu'un me demande où je vais, je répondrai : là où il n'a pas pu aller. Je connaissais ses rêves, ses envies et je me donnerai toutes les chances de pouvoir les réaliser pour lui.

Et enfin si quelqu'un me demande ce que je veux devenir, je penserai fort à toi papa et je répondrai que je n'ai pas besoin de « devenir » je suis déjà quelqu'un, une Damiens, et surtout, je leur dirai que tout ce que j'ai de meilleur en moi, c'est ce qui vient de toi.

Je t'aime mon lion.

REMERCIEMENTS

Je tiens à remercier ma famille d'avoir accepté que je partage notre histoire et en profite pour leur dire que je les aime de tout mon cœur.

Je remercie Laurence, notre cousine de cœur, toujours là pour nous, Christian, l'ami fidèle de mon papa et Patrick et Carole, nos anciens voisins qui visitaient souvent mon père. Ils n'apparaissent pas dans le livre, mais ils comptaient pour lui.

Merci à Madame Réant pour les relectures et les corrections. En plus d'avoir été une fabuleuse maîtresse pour Noémie, elle m'a été d'une grande aide. Je la remercie encore pour sa gentillesse, sa bienveillance et ses bons conseils.

Mes derniers mots seront pour Mickaël, Noémie et Nathane. Désolée de ne pas avoir été moi-même durant ces trois années. J'ai fait du mieux que je pouvais pour surmonter tout ça, parfois maladroitement, mais je vais me rattraper. Je vous aime.